EL AROMA DE VANUATU

El Aroma de Vanuatu
Cuatro años de aventuras en los Mares del Sur

Mercedes López-Tomlinson

**prólogo de
Ana Briongos**

Trotamundas Press Ltd.
The Meridian, 4 Copthall House, Station Square, Coventry
CV1 2FL, UK

"El Aroma de Vanuatu" por Mercedes López-Tomlinson

copyright © 2008 Mercedes López-Tomlinson

©2008, of this edition Trotamundas Press Ltd.

ISBN: 978-1-906393-06-9

www. trotamundaspress.com

composición portada: Sonia Griñó

Quedan rigurosamente prohibidas, sin la autorización
escrita de los titulares del "copyright", bajo las sanciones
establecidas en las leyes, la reproducción parcial o total de
esta obra por cualquier medio o procedimiento,
comprendidos la reprografía y el tratamiento informático,
y la distribución de ejemplares de ella mediante alquiler o
préstamo público.

A Peter, mi compañero de vida y aventuras.
A Sonia, Rosa, Laura e Indira que espero puedan compartir aventuras con su tía en el futuro.
A María, mi abuela, que salió de su casa en busca de un mundo mejor.

PROLOGO

Desde tiempos inmemoriales los seres humanos han sentido la necesidad de visitar tierras más allá de su entorno.
Viajeros de todos los tiempos han dejado constancia de aquello que han visto, especialmente de lo que les ha sorprendido. Comerciantes, militares, clérigos, aventureros, casi siempre hombres, aunque también ha habido mujeres, la mayor parte de las veces a la sombra de ellos, en menos cantidad y siempre relegadas a un segundo plano, esposas de conquistadores, esposas de funcionarios, alguna monja intrépida y alguna aventurera lanzada.

Los viajeros-cronistas han sido originarios de países muy diferentes situados en lugares muy distintos del planeta. Monjes budistas chinos que viajaron hacia Occidente y llegaron al monasterio budista de Bamiyan en Afganistán donde fueron sorprendidos por unos budas gigantescos y centelleantes que desde su urna en la montaña daban la bienvenida a las caravanas. Griegos y romanos que seguían las conquistas de sus ejércitos y nos contaron sus hazañas y detalles de los lugares por donde pasaban, como el famoso Heródoto. Árabes como Ibn Batutta que se dirigió hacia Oriente y llegó hasta la corte del Gran Mogol Akbar, en la India, donde fue acogido por el mismísimo emperador a cuya vera permaneció y trabajó de jurista durante años. El español Ruy de Clavijo que llegó al la corte del Gran Kan en Samarcanda y nos dejó sus escritos sobre lo que allí veía. Genoveses y venecianos comerciantes como Marco Polo. Británicos, con su visión colonialista del mundo, que llegaron inicialmente solos a la India y luego acompañados con sus mujeres de moral victoriana, algunas de las cuales también escribieron. Conquistadores españoles que cruzaron el Atlántico y nos dejaron sus crónicas del Nuevo Mundo. Viajeros europeos y americanos más modernos, con su percepción orientalista del otro y que sólo apreciaban el exotismo de los países visitados. Viajeros de nuestra época originarios de los países opulentos que, cargados de mala conciencia, solamente ven pobreza y suciedad cuando se alejan de su entorno más próximo. Viajeros-turistas consumidores de itinerarios masivos prefabricados, que hacen visitas relámpago, ven y no observan, toman fotografías, y apuntan en su lista un destino turístico más.

Hay escritores que han contado la inquietud que sienten ciertas personas curiosas por salir de su casa pese a las dificultades y los peligros que representan el abandonar la comodidad y la seguridad del hogar y la familia, lanzarse al mundo desconocido para ver lo que éste les puede ofrecer. Y pienso en el hermoso cuento para niños del escritor persa Samad Behrangui "Mahi e siá e kuchulú" (El pececito negro) que en forma de parábola moderna cuenta como un pececito negro que vive con su madre tranquilamente en el recodo de un río, decide aventurarse río abajo para conocer otras aguas y en ellas otros habitantes. Su aventura es la de tantos jóvenes inquietos con interés por conocer el mundo, los personajes con los que se encuentra forman un ramillete de arquetipos humanos que con formas de habitantes del mundo marino y fluvial, recorren todos los caracteres posibles: bondadosos, sabios, listos, malvados, avaros, etc.

Los viajeros han sido en general bien recibidos donde hayan llegado, pues con ellos llegaban noticias, novedades, objetos desconocidos, técnicas y conocimientos de lugares remotos. En países donde las mujeres están segregadas, las mujeres viajeras han sido las únicas que han tenido la oportunidad de entrar y permanecer en las zonas privadas e intercambiar información, ideas, ilusiones y sentimientos con ellas. Aún recuerdo con emoción mis visitas a la cocina de la casa del juez en Kandahar, al sur de Afganistán, donde su madre y su esposa me contaban alegremente que el señor de la casa había escogido nueva esposa y que pronto habría una mujer más para ayudar en las tareas del hogar, contar cuentos, parir más niños y participar en su educación. Había habido que dar una fortuna al padre de la chica para que aceptara desprenderse de ella y darla en matrimonio. En cambio por mí, en España, no iban a pagar nada, les tuve que confesar cuando muy interesadas me preguntaron, lo cual significaba para ellas que algún defecto escondido debía tener yo para que no valiera nada, Esa era su conclusión y mi sorpresa.

En nuestros días en que la información nos llega en catarata a través de los poderosos medios de comunicación, acostumbra a ser sesgada y a estar al servicio de oscuros intereses, el viajero o la viajera aporta, con sus crónicas la visión del ciudadano de a pie. La visión de aquello que ve y le ocurre y, en definitiva, de aquello que a los profesionales de la información, que van en busca de la noticia, se les escapa. Este libro de Mercedes López-Tomlinson es el resultado de unos años de su vida en una isla del Pacífico, Vanuatu. Antes que ella, otra catalana, Aurora Bertrana (1892-1972), hija del conocido escritor Prudenci Bertrana, escribió un libro, Paradisos Oceànics (1930), sobre sus vivencias en los exóticos parajes de Oceanía.

Su espontaneidad y frescura y también el exotismo del tema le granjearon un éxito considerable. Domènec Guansé considera que "la sensualidad inocente diluida en todo el libro era el equivalente femenino del pretendido panteísmo de Prudenci Bertrana." Tres cuartos de siglo después Mercedes López-Tomlinson retoma el tema desde un punto de vista moderno pues los tiempos han cambiado. El exotismo ya no se lleva, ni nuestros ojos ven los lugares llamados "exóticos" de la misma manera en que se veían años atrás. La visión realista de Mercedes nos introduce en una sociedad donde conviven autóctonos con extranjeros y sus aventuras y desventuras nos deparan una lectura deliciosa.

Ana Briongos

INTRODUCCIÓN

Desde 1989 hasta 1993 viví en Vanuatu, en los Mares del Sur. Se trata de un país independiente desde 1980, y hasta entonces había estado gobernado al mismo tiempo por Inglaterra y Francia y se llamaba Condominio de las Nuevas Hébridas.

Para aquellos que no saben donde está, Vanuatu es un grupo de 83 islas en forma de Y que se hallan entre Australia y las islas Fiji. Vanuatu está rodeado de coral y tiene, en la isla de Tanna, uno de los pocos volcanes en activo que existen en el mundo. Aún así lo único que temen los ni-Vanuatu son los ciclones y los terremotos que azotan las islas de vez en cuando.

Mis cuatro años de residencia en ese país, estuvieron llenos de anécdotas fuera de lo común, amistades únicas y experiencias inolvidables en una parte del mundo que considero un privilegio haber podido conocer.

Recientemente un amigo inglés me envió la copia de un artículo aparecido en el periódico The Guardian que publicaba que Vanuatu era considerado en julio del 2006 por un index radical construído por la New Economics Foundation (Nef) y los Amigos de la Tierra, el país más feliz del mundo. Luego, desde Barcelona, una amiga me ha enviado un artículo acerca de lo mismo. Estoy convencida de que el paraíso terrenal no existe, pero para mí Vanuatu es lo que más se le parece.

Aunque mi sueño de infancia y adolescencia siempre fue viajar a tierras cuanto más exóticas mejor, nunca llegué a pensar que llegaría tan lejos. Siempre había deseado viajar, pero vivir algún día en las antípodas superaba mis expectativas. Es ahora que al poner las cosas en perspectiva me doy cuenta del gran regalo que me ofreció la vida. Y como los mejores regalos, he aprendido a apreciar su verdadero significado al paso de los años.

Quiero recordar esos años llenos de luz y experiencias y al hacerlo vuelvo a los maravillosos escenarios que habían quedado guardados en un cajón polvoriento de mi memoria. Me gustaría pensar que al escribir este libro, puedo retar la imaginación del lector y transportarla a un lugar único y especial que existe realmente.

 Algunas de las personas que conocí entonces, ya no están, pero su paso por este mundo no ha sido en vano ya que su recuerdo es para mí tan vívido ahora como lo era en aquel tiempo. La estela que han dejado ha contribuido a hacer de este mundo un lugar mejor de lo que hubiera sido si ellos no hubieran existido.

He cambiado algunos nombres por respeto a la privacidad, pero tanto las historias que contiene este libro como las vivencias expresadas son reales, aunque parezcan en algunos casos fruto de la imaginación. Doy fe de que la realidad supera a la ficción en muchos casos y este es uno de ellos.

Mercedes López-Tomlinson

AGRADECIMIENTOS

Mis agradecimientos son muchos pero quiero mencionar expresamente a las personas sin las cuales este libro nunca hubiera existido. El orden de mención tiene solo una importancia relativa.

Agradecimientos especiales a Peter Tomlinson, mi compañero de aventuras y desventuras, porque en parte gracias a él fui a parar al Pacífico Sur. A mi amiga Jo Hatcher, por serlo en la distancia durante todos estos años desde que nos conocimos en Vanuatu. A Maritza Hawkins, por su leal amistad durante todos estos años. A Marta Riudeubás, mi querida amiga de la infancia, que vino desde Barcelona hasta Vanuatu en un momento crucial en su vida, y con la que pude compartir experiencias inolvidables en ese lugar maravilloso. A Mary Ann Crompton y Steve Myhre por su amistad y esas fiestas de Navidad inolvidables en su incomparable casa con vistas a una laguna tropical en los Mares del Sur. A Caroline Forsyth. A Nikenike Vurobaravu y a sus hijos Sale y Garae. A

Lizzy, a Nerry Taurakoto, a Colleen Wallis y a todas esas otras personas que conocí en Vanuatu y a las que debo gratitud eterna por las lecciones que aprendí de ellas.

Gracias in memoriam a Myriam Dornoy-Vurobaravu, un ser humano irrepetible e inolvidable. A Ricard Iserte y a Roger Taylor. A mi padre, José López Neira que falleció unas horas después de haber llamado para desearme un feliz año desde Barcelona. A mi tío Antonio Parés Neira, que murió unos meses antes de mi regreso a Barcelona y quien estoy segura que hubiera encontrado Vanuatu un lugar fascinante.

Gracias especiales a Ana Briongos, gran viajera y nueva y entrañable amiga por animarme a poner en papel mis experiencias en esas islas maravillosas y por sus sabios consejos.

Y finalmente, mi dedicación especial va por ti, que has decidido leer este libro. Te deseo unas horas llenas de aventura y emoción en esas maravillosas tierras lejanas. No dejes de soñar, a veces los sueños se hacen realidad.

BIENVENIDOS AL PARAISO

Llegamos a Vanuatu en noviembre de 1989. Habían sido varios meses preparando el viaje desde Londres, donde vivía desde 1978. Llegué allí procedente de mi Barcelona natal, escapando de las limitaciones de la dictadura franquista y de la sociedad española de la época

En 1989 hacía cinco años que me había casado con Peter, y una de las cosas que me gustó de él apenas conocerlo, fue que hablaba el castellano, cosa que significaba que tanto él como yo conocíamos la lengua y cultura del otro, por lo que no tenía que hacer esfuerzos para enseñarle mi lengua materna u otras cosas acerca de mi cultura, tan distinta de la suya.

Yo ya conocía Londres y la cultura inglesa bastante bien, estudié inglés desde los diez años y antes de conocer a Peter viví allí un total de tres años trabajando con gente inglesa y desenvolviéndome en su ambiente.

Peter por su parte, acababa de regresar de Panamá donde había trabajado durante dos años como voluntario para una organización de cooperación al desarrollo en Santiago de Veraguas, la tierra de origen de Omar Torrijos.

Me gustó el hecho de que había pasado dos años de su vida ayudando al desarrollo de gente de otro país. Además en su profesión de Chartered
Accountant o experto contable, era un caso raro entre sus colegas, ya que en general la gente está más interesada en su carrera en altas finanzas que en ayudar al prójimo.

Mi espíritu aventurero había encontrado su alma gemela, aunque ambos tardamos algunos meses en darnos cuenta.

Después de varios años en Londres, nos sentíamos preparados para dar un salto hacia otras partes del mundo. Un día, Peter me comentó que había visto un anuncio solicitando expertos en su campo profesional para formar a funcionarios locales en un país llamado Vanuatu. El nombre era de lo más exótico y ni él ni yo teníamos la mínima idea de donde estaba.

Empezamos a mirar mapas y no lo encontrábamos. Al final descubrimos que era un país en los Mares del Sur que se había llamado Nuevas Hébridas antes de su independencia en 1980, y los mapas no habían cambiado el nombre todavía!

Recibieron su curriculum vitae y, tras varias entrevistas, Peter consiguió el puesto, que consistía en trabajar con el departamento de desarrollo de ultramar del gobierno británico, para proporcionar asesoramiento y formar a funcionarios en el departamento de cooperativas de Vanuatu, con la intención de formar a ni-Vanuatu (nativos de Vanuatu) que eventualmente serían capaces de tomar las riendas de su país sin necesidad de expertos extranjeros. Esa era la idea.

Estuvimos varios meses organizando la partida, decidiendo lo que nos ibamos a llevar para los dos años que íbamos a estar viviendo en Vanuatu. Y luego, una semana de preparación para aprender acerca de la cultura melanesia y del Pacífico Sur en general. Esos días me sentí reacia a asistir a un castillo de la campiña inglesa para conocer los entresijos de la cultura melanesia, pero resultó una de las mejores cosas que hice para conocer mejor y, por tanto, adaptarme más facilmente, a mi nueva vida.

-19-

Recuerdo a un antropólogo que conocía el Pacífico en profundidad y cariño, que nos explicó que para los melanesios es importante no ofender a las personas. Por ejemplo, si se cancela un avión y eso nos va a provocar un disgusto, es mejor que no nos lo digan, por lo que uno puede acabar esperando durante horas en un pequeño aeropuerto en la selva, sin que nadie se digne a decir que ese día no va a venir el avión!

Por otro lado, en la cultura melanesia, mentir es algo prácticamente desconocido, o por lo menos lo era en la época en que vivimos allí. Así que por ejemplo, la policía lo tenía fácil para detener al sospechoso de un delito, ya que solo tenía que preguntar si era culpable y la respuesta era siempre sincera.

También existe el detalle en la cultura melanesia, que cada vez que uno se encuentra su cuñado debe explicarle el mismo chiste y el cuñado debe reírse siempre. Son pequeñas cosas, que son importante saber para no confundirse demasiado en lo que, al principio, es totalmente distinto y desconocido.

En el transcurso de esa semana en el castillo también conocí a un catalán que había sido corresponsal y jefe de la sección de español de la BBC. Tras jubilarse se dedicaba a preparar cursos como el nuestro, que ayudaban a comprender la situación y la cultura del país donde funcionarios ingleses iban a trabajar y a vivir durante algunos años. Me comentó que tras la Guerra civil española se escapó cuando pudo y fue a parar a Inglaterra. Allí ejerció su profesión y estableció su vida, pero nunca olvidó su lengua materna y hablaba un catalán perfecto.

En una época distinta yo también me había ido de Barcelona escapando de un ambiente hostil, en busca de nuevos horizontes. Había crecido con la sombra del franquismo que actuaba como una presencia intoxicante en mi vida. Necesitaba aires más libres, más abiertos y sobre todo, necesitaba un lugar donde pudiera ser feliz sin tener que dar explicaciones a nadie.

Por fin, llegó el emocionante momento en que íbamos a viajar hacia un mundo tan desconocido como exótico, y nos sentíamos en las nubes y llenos de impaciencia por llegar a él.

Viajamos en dirección Los Angeles, donde nos quedamos una noche en un enorme hotel de cuatro estrellas cerca del aeropuerto y tras una mala experiencia con un taxista loco, no veíamos la hora de escaparnos de ese lugar.

Más tarde, al preguntar en la recepción del hotel donde podíamos ir a pasear y conocer algo la zona, la recepcionista nos miró horrorizada y nos dijo que ella no se atrevía ni a dar dos pasos fuera de la puerta del hotel si no era para meterse en un coche!

La verdad es que nos dimos cuenta de lo que quería decirnos la recepcionista cuando, al atrevernos a cruzar la calle para ir al banco, tuvimos que atravesar corriendo sin esperar el cambio de semáforo porque había un tipo que nos amenazaba con lo que parecía una pistola de plástico.

De Los Angeles partimos dirección Nueva Zelandia. Llegamos a Auckland, una ciudad llena de barcos, yates y avenidas amplias con casas hechas de madera, las cuales podían ser transportadas hasta la nueva ciudad de sus inquilinos.

En Auckland nos quedamos con un antiguo compañero de trabajo de Peter en Panamá y su mujer panameña, con quienes visitamos una zona de baños termales. Nos recibieron con gran hospitalidad y fueron varios días de introducción a esa parte del mundo que resultaron muy agradables. De Auckland partimos para nuestra destinación final, la capital de Vanuatu, Port Vila.

Han pasado varios años pero, para mi, el momento en que salí del avión para bajar la escalerilla es algo que no olvidaré. La bocanada de aire caliente sin llegar a ser sofocante y la vista de las palmeras moviéndose al ritmo de un suave aire tropical, bajo un cielo de un color rojo vivo difuso con el azul oscuro del cielo, fue para mi el comienzo de un amor a primera vista con el lugar que iba a ser mi hogar durante los cuatro años siguientes.

Creo que llegamos en una de las noches más bonitas que yo había visto en mi vida y eso que nací y crecí en el Mediterráneo. Nos recibió en el aeropuerto un señor nativo que hablaba un inglés perfecto, y que era el director del departamento donde iba a trabajar Peter. Tenía un trato muy cordial y una sonrisa amable y acogedora que nos dió a entender que nuestra llegada era bienvenida. Nos acompañó al hotel y tras despedirse, nos dejó descansar ya que el día siguiente iba a estar lleno de nuevas experiencias para nosotros.

Peter y yo nos quedamos solos en la habitación del hotel. Nos miramos y empezamos a reir de alegría y felicidad. Habíamos llegado a lo más cercano al paraíso que conocíamos. Era solo el comienzo de una aventura inolvidable.

FRANCESES, INGLESES Y NATIVOS – JUNTOS PERO NO REVUELTOS

Los primeros días en Vanuatu fueron un descubrimiento constante. No paraba de sorprenderme como en una ciudad pequeña de 15.000 habitantes como era Port Vila en 1989, hubiera tanta variedad de lenguas y razas, aunque la Melanesia era la prevaleciente. Por la calle se veían gentes de raza polinesia, china, vietnamita, blanca y melanesia, además de algunos cruces entre ellas. En Vanuatu existen más de 130 lenguas para una población de apenas 180.000 personas distribuidas en 83 islas.

Debido al pasado colonial inglés y francés, cada ni-Vanuatu habla por lo menos tres lenguas, una es la materna o la de su isla, otra el bislama que es la lengua criolla que se creó con una mezcla de influencias del inglés, el francés y hasta alguna palabra de español, y otra es el francés o el inglés, dependiendo de la escuela donde se estudió. Los ni-Vanuatu hablan corrientemente el inglés, el francés o ambos así como su lengua materna y el bislama; tienen facilidad para aprender lenguas y hablan normalmente varios idiomas.

En un día normal, yo me encontraba hablando francés en el supermercado francés, inglés en la oficina de correos y bislama en el mercado, aparte del castellano con alguien de la pequeña comunidad latinoamericana que había en Port Vila. Los idiomas siempre han sido mi gran afición y tengo la gran suerte que la facilidad me acompaña.

Estuve dando clases de castellano en la Universidad del Pacífico Sur en la facultad de lenguas extranjeras, en el Liceo francés y en la Escuela francesa de Vanuatu y entre todos los alumnos que tenía, los más aventajados eran los vietnamitas y los ni-Vanuatu, mucho más que los hijos de los colonos franceses o ingleses. Poco a poco fui descubriendo los misterios de una cultura fascinante que se abría lentamente como un libro cuyo contenido fascina y a la vez reta a valorar nuevas formas de entender la vida.

El pasado colonial de Vanuatu es una de las claves para entender la reticencia que tienen en confiar plenamente en gente de otra raza, particularmente los blancos.

El nombre de Vanuatu es de creación reciente. Es el nombre que se le dió tras la independencia de 30 julio 1980 y significa `Nuestra Tierra Eterna´. Antes, Vanuatu era conocido como las Nuevas Hébridas, un nombre que le dió el capitán James Cook cuando llegó a las islas en 1774 tal vez para recordar a las islas Hébridas escocesas.

Pero antes de James Cook, llegó a estas islas en mayo de 1606 Pedro Fernández de Quirós, que aunque portugués, era un capitán que trabajaba para la corona española. Sin embargo, escaramuzas constantes con los nativos, hizo que Quirós y sus marineros salieran corriendo de las islas tras solo 55 días de su llegada. No olvidemos, aparte que de las enfermedades y la hostilidad de los nativos, el canibalismo estaba muy presente en las islas. No obstante, Quirós dejó como legado el nombre de la primera isla que descubrió, Tierra Australia del Espíritu Santo. Actualmente la isla sigue llamándose Espíritu Santo, conocida por todos como 'Santo'.

Los exploradores franceses tambien llegaron a Vanuatu. El legendario Bouganville llegó en 1768 y Laperouse, otro famoso explorador, llegó en 1778. Sin embargo, ambos barcos se hundieron en los arrecifes de coral durante violentas tormentas y no hubieron sobrevivientes para contarlo y las islas quedaron en el anonimato de los mapas por otro siglo.

Las islas eran ricas en sándalo, una madera muy valiosa en el siglo vxiii. También había copra . La copra es la pulpa del coco y se utiliza para fabricar aceite. Los balleneros llegaron a las islas seguidos por los comerciantes, que vaciaron las forestas de los árboles de sándalo. Al mismo tiempo llegaron los misioneros, determinados en convertir al cristianismo a los melanesios que habitaban las islas. En realidad fueron una mezcla de comerciantes y misioneros los europeos que llegaron en primer lugar, ávidos de explotar sus riquezas y llenos de un afán aventurero de cara a lo desconocido.

En 1906 el conjunto de 83 islas que formaban las Nuevas Hébridas fue declarado Condominio de las Nuevas Hébridas. Los franceses querían tomar el país desde su base de Nueva Caledonia mientras que los británicos querían hacer lo mismo desde sus bases de Fiji y Australia. Este conflicto de intereses llevó a la creación conjunta de un sistema de administración dual Franco-Británico. Ello significó que habían dos tipos de cosas para todo. Para rizar el rizo, el juez de la Corte era un español, nombrado de forma neutral por los franceses y los británicos. El Conde de Buena Esperanza, daba la casualidad que era sordo y sus conocimientos tanto de inglés como del francés eran más bien escasos.

Cuando llegué a Vanuatu en 1989, podía verse todavía la herencia de un pasado colonial dual: los restaurantes franceses con los mejores vinos importados de Francia, los bancos de Nueva Zelandia y Australia, los supermercados Burns Philp que fundó un escocés un siglo antes y el supermercado Hebrida, francés, en el que se podían encontrar latas de escargots entre sus repisas, y mantequilla importada de Francia, entre otras delicatessen.

Tambien recuerdo la tienda 'La cave du vin' con un surtido de vinos franceses digno de envidia de cualquier bodega que se precie en Francia. En este contexto, los vinos australianos y nuevo zelandeses eran considerados erróneamente de segunda fila. El esnobismo francés no conoce fronteras. Como anécdota curiosa me dijeron que cuando había un delincuente condenado a la cárcel, se le daba a escoger entre la cárcel inglesa o la francesa. Casi todos escogían la francesa, porque se comía mejor.

Continuando con el tema del colonialismo, Vanuatu es un país donde todavía persisten costumbres ancestrales que se remotan a más de tres mil años de antigüedad. En algunas islas, todavía hoy, la presencia de un hombre o mujer de raza blanca puede suscitar un revuelo y hasta cierto temor entre los nativos.

En el siglo xix, miles de isleños eran sacados de sus islas a la fuerza y obligados a trabajar en plantaciones de azúcar en Australia o Fiji. A veces les convencían con engaños, prometiéndoles condiciones que luego no se cumplían y acababan trabajando en condiciones similares a las de la esclavitud. En los casos en los que los engaños no surtían el efecto esperado, se les raptaba y se les encadenaba a los barcos hasta el país de destino como si de esclavos se tratara, aunque la esclavitud ya había sido oficialmente abolida en 1867. Muy pocos de ellos sobrevivieron para regresar a sus islas y contar sus experiencias, pero los que lo hicieron dejaron un legado de temor a los barcos de los blancos.

Ya había comentado anteriormente, que estas islas han sido tradicionalmente caníbales. Buena prueba de ello tuvieron los aventureros americanos Osa y Martin Johnson de visita a las islas en 1917 cuando tuvieron que salir corriendo de Malekula porque el jefe de la tribu de los 'Big Nambas' intentó capturarlos para comerselos. En el museo de Port Vila hay una foto de los Johnson con un conocido jefe canibal de la tribu más temida.

El canibalismo desapareció oficialmente en los años sesenta, y es difícil creer que en una fecha tan reciente haya desaparecido una costumbre tan ancestral, y es hasta dudoso que ya no exista. El gran pote situado en la entrada del Centro Cultural de Port Vila recuerda ese pasado caníbal tan reciente.

Las danzas y rituales milenarios siguen celebrándose en todas las islas. A pesar de su adherencia a tradiciones que datan de tantos siglos y de continuar con sus rituales casi inalterados, los ni-Vanuatu también utilizan la presencia de adelantos tecnológicos que puedan contribuir a mejorar su calidad de vida diaria; por ejemplo, el sistema telefónico era al inicio de los años 90 uno de los más adelantados del mundo.

En esa época no existía la televisión en Vanuatu, y en la única emisora de radio, donde no habían anuncios, se utilizaba el ruido de tamtams (tambores) para señalar un cambio de programa. Recuerdo una vez que el ruido del tamtam llevaba sonando ya casi una hora y le pregunté a Lizzy, mi asistenta, que como era que sonaba durante tanto tiempo y me dijo que en realidad estaban pasando un mensaje entre islas que sólo los isleños podían descifrar, para que los blancos no entendieran el texto del mensaje!

Se trata de un país lleno de contrastes y de color. La población es principalmente de raza melanesia, la misma raza que puebla otros países de la región como Papua Nueva Guinea, la islas Salomón y Nueva Caledonia. Aunque actualmente en la capital, Port Vila, pueden verse distintas razas que llegaron a las islas en diversas épocas.

Hay colonos blancos descendientes de los franceses e ingleses que colonizaron las islas en el siglo diecinueve, y también pueden verse chinos y vietnamitas que llegaron como trabajadores para las plantaciones de copra, a polinesios provenientes de otras islas de los Mares del Sur y en los últimos años también se han establecido gente de Australia y Nueva Zelanda.

Pero el Vanuatu milenario sigue teniendo sus raíces en las islas del archipiélago. Es allí donde la vida sigue inalterada como desde hace miles de años. Es difícil comprender que todavía existen civilizaciones que no han cambiado su ritmo ancestral, pero en Vanuatu, la excepción confirma la regla.

EL EMBAJADOR BRITÁNICO

En enero del 2006 recibí la llamada de una amiga que había conocido en Vanuatu y de la que no sabía nada desde hacía varios años. Pasamos un fin de semana recordando viejos tiempos en mi casa de Italia, donde vivo ahora.

Mary Ann me comentó que había sido nombrada Cónsul General de Nueva Zelanda para Naciones Unidas en Ginebra y me llamó para decirme que ahora íbamos a estar a poca distancia. Todo es relativo ya que de Ginebra a Turín hay unas tres horas y media de coche, pero quedó la promesa de vernos tan a menudo como nuestras vidas nos lo permitieran. Su visita me trajo muchos recuerdos. Nos conocimos de forma curiosa en Port Vila y todavía río al recordar las circunstancias.

En 1989, Vanuatu, apenas después de nueve años de independencia tras el condominio franco-británico de las Nuevas Hébridas, hervía con diplomáticos y tecnócratas extranjeros que estaban en el país con contrato de dos años, renovable hasta un total de 6 años.

Como Peter estaba trabajando como tecnócrata bajo contrato del gobierno británico, fuimos invitados a una cena en la casa del alto comisionado británico a pocos días de nuestra llegada al país. Fuimos recibidos por el alto comisionado Kevin Johnson quien nada más presentarme y sabiendo que era española hizo el comentario: "So you are from Spain. You have very cheap wines there!" que se traduce como: "Así que es usted española. Tienen ustedes vinos muy baratos en España", a lo que yo ni corta ni perezosa respondí "I think you must have been mixing with the wrong crowd there" queriendo decir "Me parece que se ha relacionado usted con la gente equivocada ". Buen comienzo de lo que prometía ser una emocionante cena.

Kevin Johnson correspondía a la imagen de un embajador como un elefante a una hormiga, pensé. Durante el cóctel de bienvenida me presentaron brevemente a otros diplomáticos y tecnócratas como nosotros y llegó el momento de pasar a la terraza de la mansión para la cena. Comprobé que estaba sentada en la mesa del mismísimo alto comisionado y para colmo a su lado.

Como es costumbre en círculos diplomáticos, a los recién llegados se les coloca cerca del representante diplomático y su esposa, quien se sienta en una mesa distinta de su esposo. Sirve tambien, para conocer algo más a los recién llegados y saber cuales son sus opiniones acerca de la vida en general. Y es que, como luego supe, existía el rumor entre algunos expatriados que Kevin Johnson era un espía para el MI6, el mismo servicio para el que trabajaba el personaje de James Bond, aunque no podían ser más diversos el uno del otro. Al menos James Bond era bien plantado y tenía buenos modales.

En la misma mesa estaban sentados Mary Ann y Steve. Por aquel entonces, Mary Ann era la primera secretaria de la embajada de Nueva Zelandia y Steve, escultor de tradición maorí, era su esposo y acompañante oficial a las cenas. Durante el curso de la cena, Kevin Johnson se dirigió a Mary Ann diciendo que era una gran suerte para Nueva

Zelandia que hubiera sido colonizada por los británicos, quienes, siempre según él, habían traído la civilización a una tierra incivilizada antes de su llegada. Y como colofón le dijo "And look at yourself for example, Mary Ann, you are a good example of what I mean" "Y mírate a tí, Mary Ann, eres un buen ejemplo de lo que quiero decir".

Mi amistad con Mary Ann comenzó en el momento en que oí su respuesta: "Perhaps you should know, Kevin, that I have maori ancestors of whom I am extremely proud" "Tal vez debería saber, Kevin, que tengo antepasados de orígen maorí de los que estoy muy orgullosa". En ese momento, Kevin Johnson se comportó como un verdadero embajador y cambió de conversación como el que lleva el baile de San Vito en el cuerpo, incómodo pero a la vez resignado a no tener la palabra final en esta ocasión.

Durante la cena tuve la ocasión de hablar con Mary Ann y Steve y de ahí surgió el inicio de nuestra gran amistad. Empezamos a organizar picnics en playas desiertas, donde íbamos en grupos de 6 a 12 personas y disfrutábamos de la belleza incomparable de las playas sin otra compañía que la nuestra y los cocoteros a nuestro alrededor. Pero había que tener cuidado, porque si en la entrada habían ramas de un árbol sagrado, era totalmente prohibido pasar sin tener la autorización del jefe de la aldea cercana, quien normalmente tras algún regalo o pago mínimo concedía el permiso necesario sin el cual uno se arriesgaba al furor de la población local, quienes podían pinchar las ruedas del coche sin ser observados por nadie. Y tenían razón, al fin y al cabo, era su playa y nosotros íbamos de visita.

Siempre llevábamos gafas de buceo porque el agua estaba llena de peces de colores y coral. Era imprescindible ponerse zapatos de goma dura para no correr el riesgo de cortarse con el coral, una herida imposible de curar a menos que se aplicara el jugo de un limón o lima inmediatamente para desinfectarla. ¡Cuantos fines de semana llenos de recuerdos imborrables con amigos inolvidables bajo el sol tropical de los Mares del Sur!...Nos parecía que los problemas del mundo no existían en esos momentos y la belleza de la que disfrutábamos nos llenaba de una energia positiva que nos recargaba las pilas. Puedo decir que en los cuatro años que estuve en esa parte del mundo, llegué a olvidarme de lo que significa estar deprimida. Tampoco conocí a nadie que presentara los síntomas de la depresión.

Con Mary Ann y Steve celebramos dos navidades en su maravillosa casa desde la que se podía observar una de las dos lagunas tropicales de Port Vila y la isla de Erakor. Fueron de las navidades que recuerdo con más cariño, por la excelente compañía y por las vistas inigualables.

Las puestas de sol desde su casa siguen siendo de las más espectaculares que haya visto. Seguidas muy de cerca por las puestas de sol de nuestra preciosa casa en Malapoa, en lo alto de una colina a la salida de Port Vila desde donde podíamos observar la isla de Iririki a lo lejos, y los barcos que llegaban al puerto. Siento una suave nostalgia cuando llegan las navidades y recuerdo las que pasamos con amigos inolvidables en los trópicos de los Mares del Sur.

UN BRINDIS CON KAVA Y OTRAS COSTUMBRES MELANESIAS

En Vanuatu no existen los niños de la calle, ni los huérfanos ni los abandonados. No porque los niños no sufran abusos o porque no se les mueran los padres, sinó porque en Vanuatu los niños no pertenecen solamente al padre y a la madre en exclusiva sino que son miembros de todo un grupo familiar extendido que comprende tíos, primos, abuelos y tíos abuelos.

Si el grupo familiar considera que no es en el interés del niño o niña permanecer con los padres por distintos motivos, otro miembro de la familia se hace cargo de él. Si la conducta que generó esto cambia, entonces los niños pueden volver con sus padres, pero sinó, siempre habrá un miembro de la familia para hacerse cargo de ellos. Los niños llaman mamá y papá a varios miembros de la familia aunque no vivan en la misma casa.

Si una pareja no puede tener hijos, se les regala un niño del clan familiar porque al final el niño siempre va a estar dentro del grupo. Todo esto conlleva a un planteamiento sociológico distinto del de nuestra sociedad occidental, donde el niño es considerado propiedad exclusiva de los padres biológicos y llega a ser difícil hasta que se le permita que lo cuide otro miembro de la familia, aún demostrando abusos continuados. Por ejemplo, yo no podría ir a casa de mi hermano y sacarle a sus hijos aún sabiendo que no están bien cuidados, por decirlo así. En cambio en Vanuatu, los familiares tienen el derecho y el deber de hacerlo por el bien del niño.

La consecuencia de esto es que no existen niños delicuentes, ni niños abandonados, ni niños abusados, o al menos, son una minoría de casos. Es una de las cosas que tenemos que respetar y aprender de esta sociedad melanesia. A veces no somos conscientes de que hay cosas que no funcionan en nuestra sociedad, pero en otras si que funcionan.

Las costumbres melanesias también tienen la otra cara de la moneda. Por ejemplo, si un melanesio o melanesia te dice que le gusta mucho el reloj que llevas, se considera de mala educación no dárselo. Esto se extiende a cualquier objeto, por lo que hay que tener mucho cuidado cuando dices que te gusta algo de la otra persona ya que se siente obligada a dártelo. Y luego más tarde se tomará su revancha y te pedirá algo tuyo a cambio.

Recuerdo una vez que un amigo melanesio le comentó a Peter que le gustaba mucho su camisa. Como a Peter también le gustaba, tuvo que buscar por todas partes para encontrar una igual, y al final encontró una parecida pero tuvo que dar la suya al amigo melanesio. Menos mal que fue sólo una camisa!

Otro de los aspectos de la cultura melanesia es que cuanto más tienes, más tienes que repartir entre los miembros de tu familia. No existe el concepto de "esto es mio y eso es tuyo" en los grupos familiares. Así que si has estado ahorrando para comprarte un coche y viene un primo y te pide prestado dinero porque lo necesita (sin especificar), se lo tienes que dar si el primo sabe que lo tienes. La promesa de devolverlo siempre te la dan, pero en pocos casos se cumple. En caso de no cumplir con las reglas, te arriesgas a ser rechazado por tu grupo familiar, una desgracia inconmesurable en términos melanesios.

Mi amiga Lucía, casada con un antropólogo y experta en las costumbres melanesias, me comentaba que en una aldea, la choza más miserable a veces alberga a un rico en secreto. Esta persona se hace pasar por pobre para impedir que sus parientes se lo lleven todo. Esto me hace pensar en el Sr Chiang Shen, que tenía una tienda de electrodomésticos y otros artículos en Port Vila. Había llegado a los 14 años desde China para trabajar en la tienda de un pariente y a través de los años había abierto su propia tienda que ahora le hacía sombra a la de su tío. El Sr. Chiang iba siempre vestido con pantalones cortos agujereados y camisas raídas pero parece ser que había invertido en varias casas en el centro de Sydney, Australia, que al cabo del tiempo se revalorizaron en millones de dólares. Un caso muy concreto de que las apariencias engañan. Así, además se defendía de cualquier posible petición de préstamo. Aunque este señor había nacido en

China, se había adaptado perfectamente a la cultura melanesia después de tantos años de residencia en el país.

Hay que tomar todas estas cosas en serio, ya que si no, como melanesio puede cambiar tu vida. Los tenderos de Vanuatu bien lo saben cuando les llegan parientes lejanos pidiendo préstamos que saben que no van a ver nunca más. Y hay que mantener la caja vacía en caso de que quieran comprobar que no has vendido nada ese día.

Por otro lado, si caes en desgracia, tu familia melanesia no va a dejar nunca que te mueras de hambre y siempre vas a ser recibido en las casas de familiares en las que llames pidiendo algo que comer o donde dormir. Es una sociedad solidaria que respeta los lazos de sangre y cumple lo del "hoy por ti, mañana por mi".

La tierra es también un derecho ancestral. Todo el mundo posee un trozo de tierra más o menos grande para cultivar, por lo que el hambre no existe en una tierra tan fértil. La tierra no puede ser vendida en propiedad sino que se pasa de generación en generación de la misma familia, la cual se considera guardiana de la tierra que les corresponde para pasarla íntegra a las generaciones siguientes. Solamente en casos especiales se concederá un trozo de tierra a un miembro perteneciente a otro clan o tribu.

Los colonizadores blancos causaron grandes problemas al respecto ya que pretendían la propiedad de unas tierras de las cuales los melanesios se consideran meros guardianes para futuras generaciones. Para los melanesios la tierra no es una mercancía de compra y venta. Ha sido concedida por tu familia durante tu vida para que la utilices plantando y construyendo tal vez una casa pero luego debe pasar a generaciones futuras.

Desde la independencia de 1980, los terrenos se alquilan por periodos extensos a precios razonables, por lo que un expatriado podrá construir una casa pero nunca llegará a ser el propietario del terreno donde está construida.

Hay que conocer las reglas del juego y no saltarlas ya que si no, arriesgas las consecuencias. Todo ello, es aplicable a la sociedad melanesia o a los occidentales que por matrimonio forman parte de ella. Mi amiga Myriam, francesa casada con un ni-Vanuatu y por tanto parte de una familia melanesia, me comentaba que sobrinos de su marido, que vivían con ellos, le tomaban siempre sus joyas para regalarlas a sus amigas o para ponérselas ellos. Y no podía hacer nada al respecto ya que la propiedad privada dentro del clan familiar no existe. Myriam llevaba siempre puesto un brazalete que había sido de su abuela y otras cosas que no quería que desaparecieran. Por el resto, se resignaba.

Para Myriam, que nunca había tenido una buena relación con su madre, su suegra se había convertido en la madre que nunca había tenido, por decirlo así. Había sido totalmente aceptada en el grupo familiar por el hecho de que su marido se había casado con ella y eso era razón suficiente para disfrutar de todo el cariño y solidaridad que existe en la mayoría de familias melanesias. Sus hijos a la vez, tenían varios miembros de la familia a los que llamaban mamá y papá y Myriam sabía que en caso de que algo le sucediera a ella y a su marido, los niños siempre estarían protegidos y cuidados dentro del seno de la familia. No está nada mal para una sociedad considerada poco sofisticada por nuestros cánones occidentales.

Otra de las curiosas costumbres melanesias es que el esposo debe pagar un precio por la esposa. Esto puede ser a través de cerdos, muy importantes en la cultura melanesia, kava, una bebida tradicional narcótica, alfombras hechas con yute o bien con dinero contante y sonante, en caso de una persona no melanesia. En caso de no pagar el precio requerido por la familia de la esposa, se arriesga a consecuencias terribles, que va desde el peligro de ser envenenado con pócimas preparadas por un hechicero, hasta ser rechazado por el grupo familiar y expulsado del mismo, perdiendo al mismo tiempo los derechos sobre la esposa.

En la cultura melanesia los cerdos son una parte muy importante de la misma. La riqueza del melanesio se traduce en el número de cerdos que posee y que son utilizados con fines rituales y se comen solamente tras haber sido sacrificados en ceremonias de ritos de graduación para subir de estatus en sus comunidades. Para alcanzar los distintos grados y llegar a ser un "jefe" hay que matar bastantes cerdos y cada ceremonia de subida de estatus conlleva una matanza de cerdos y un posterior banquete para comerlos.

Los cerdos se consideran una fuente de riqueza para el que los posee y tienen más valor que las mujeres para la mayoría de los hombres de Vanuatu. Los cerdos de Vanuatu tienen unos colmillos que se enroscan alrededor de los mofletes y que más tarde se convierten en preciados brazaletes que denotan un cierto estatus. Aunque actualmente se pueden comprar en algunas tiendas de venta de objetos en Port Vila para los turistas para llevar como recuerdo a casa. Los más valiosos son los que tienen más vueltas, y solamente los jefes de más alto estatus los llevan.

El kava es una bebida utilizada tradicionalmente durante las ceremonias rituales, narcótica y con un gusto francamente desagradable. En el pasado, las mujeres no podían beber kava ni acercarse a los nakamales o bares tradicionales de kava, donde los melanesios se reunían para beberla y conectar con sus antepasados.

El kava, tiene unos efectos interesantes ya que te paraliza el cuerpo pero no la mente, que continúa fresca como unas pascuas. La gente que bebe kava regularmente lo hacen porque les relaja el cuerpo aunque su mente sigue despierta como si nada. Algo así como un borracho con dificultad de movimientos que está sobrio por dentro pero es incapaz de demostrarlo.

El kava sigue siendo utilizado en rituales y además es de mala educación para un occidental no beber un cuenco de kava (se bebe en cuencos de medio coco) en situaciones formales tales como inauguraciones, bodas etc.

Me contaron una historia como cierta que describe la percepción del kava por nuestra mente occidental. Resulta que había la inauguración de un edificio muy importante, tal vez un ministerio o algo parecido, y las autoridades presentes incluían a los representantes de los cuerpos diplomáticos residentes en el país. Se sirvió un cóctel de bienvenida y a continuación comenzaron los discursos correspondientes y el maestro de ceremonias ni-Vanuatu comenzó a llenar los cuencos con kava proveniente de un cubo que habían colocado a su lado.

Llegó la hora de los brindis y le tocó el turno al embajador de Australia quien brindó con su cuenco de kava, luego el embajador inglés, el francés, y así sucesivamente hasta que al llegar el turno al ministro ni-Vanuatu este hizo grandes esfuerzos para disimular su asco ante la bebida. De todos modos, los ni-Vanuatu no quieren hacer el ridículo o hacerlo sentir a los demás, por lo que bebió su cuenco.

Al acabar la ceremonia, el ministro se dirigió al organizador del banquete y le comentó su disgusto por la bebida que le habían dado, que no era kava. Se descubrió que alguién había confundido el cubo del agua de lavar la vajilla con el cubo que contenía el kava. ¡Y los embajadores lo habían bebido sin decir nada!

Varios de nuestros amigos eran bebedores de kava. El ritual del kava comienza con la caída del sol, que en los trópicos se hacía a las 6 de la tarde. Cuando oscurece, se va al nakamal donde los bebedores de kava se reúnen en silencio para compartir el ritual de la bebida. Es algo así como un bar pero en plan silencioso. También se invitan mutuamente a cuencos de kava, pero al cabo de tres o cuatro, el cuerpo se resiste a moverse y existe un silencio absoluto por parte de los bebedores, aunque su mente esté despierta.

La mayoría de los bebedores de kava organizan que alguien de la familia o amigo venga a recogerlos y ayudarles a regresar a casa, tarea nada fácil en el caso del alguien con algunos kilos de más ya que necesitan apoyarse para poder caminar. Algunas veces se veían vehículos que iban a 10 km/h. Era reconocible que el conductor había estado en un nakamal recientemente.

Dicen que el kava no crea adicción ni tiene efectos secundarios, pero no estoy del todo convencida de ello ya que los bebedores de kava respetan puntualmente su cita del nakamal una vez desaparece el sol por el horizonte dando paso a la luna. Ese momento es sagrado y si se quiere encontrar a alguien, ya se sabe donde ir, al nakamal de turno.

La historia del kava es tan antigua como la cultura de estas islas, es decir, de miles de años. Es una bebida hecha por fermentación de una raíz y en casos de rituales muy sagrados, masticada por jóvenes vírgenes que la escupen en un cuenco. Las raíces del kava son parte importante del pago de las esposas junto con los cerdos y las alfombras de yute tradicionales con las que se cubre el suelo de las chozas. No falta en ningún tipo de ceremonia o ritual.

El nakamal era y es el centro de reunión y cotilleo por excelencia en las islas. Actualmente las mujeres son aceptadas aunque no por ello mejor vistas que las mujeres que beben alcohol en nuestra sociedad.

Hace pocos años tengo entendido que se ha comercializado la producción del kava y pueden encontrarse productos tales como píldoras de kava en farmacias de Estados Unidos.

He oído rumores que famosas actrices de Hollywood son fans declaradas del kava, diciendo que es más saludable que las pastillas de valium. Además, es ligeramente laxante, por lo que ayuda a perder peso de forma moderada.

TERRA AUSTRALIS DEL ESPIRITU SANTO

Santo es uno de los lugares más bonitos del mundo para ejercer el submarinismo. Es una de las actividades más populares entre la gente expatriada y ni-Vanuatu.

La isla de Santo, como se conoce popularmente a la primera isla del archipiélago, fue descubierta por Pedro Fernández de Quirós en nombre de la corona española en 1606, y la llamó Terra Australis del Espíritu Santo. Es la isla más grande de Vanuatu. Son más de 4.000 km con la montaña Tabwemasana en la parte oeste de la isla. La parte sur y este son planas, llenas de plantaciones de ganado y copra.

Santo está llena de sorpresas que se van descubriendo poco a poco y que contribuyen a las numerosas leyendas escritas en los libros como "South Pacific", de James Michener cuando estaba destinado en Santo como soldado durante la segunda Guerra Mundial y que dió lugar al famoso musical del mismo nombre.

La famosa isla de Bali-Hai que se cita en el libro de James Michener està inspirada en la isla real de Ambae, de la cual se dice que provienen las mujeres más bonitas de Vanuatu. No me cuesta imaginar a James Michener contemplando la isla de Ambae a lo lejos, durante una de las espectaculares caídas del sol y soñando con la historia que más tarde plasmaría en el libro.

Santo fue famosa durante la segunda Guerra Mundial como base militar para 100.000 soldados estadounidenses. En un país que apenas contaba con 120.000 habitantes distribuidos en 83 islas, supuso un evento muy importante. Los americanos dejaron muchos edificios que aún existen actualmente, varios campos de aterrizaje y tres puntos de buceo inigualables en ningún lugar del mundo.

Uno de los lugares de buceo más codiciados por los buceadores de todo el mundo es el barco President Coolidge que se hundió tras chocar contra una mina marina y está prácticamente intacto a unos 20 metros de profundidad. Se trata del mayor barco hundido accesible a buceadores del mundo.

Otro lugar importante de buceo en Santo es el destructor USS Tucker que está situado fuera del canal. Million Dollar Point es el lugar donde los americanos tiraron al mar los materiales de guerra y equipos de transporte y telecomunicaciones que quisieron vender al condominio de las Nuevas Hébridas. Al negarse el gobierno del país a comprar los equipos, tal vez pensando que los americanos abandonarían los materiales antes que llevárselos de vuelta a su país, los americanos decidieron echarlos al mar. Lo que en la época fue uno de los mayores desastres ecológicos que se recuerdan, es hoy en día un parque nacional protegido y un paraíso para los buceadores.

En la densa vegetación de la selva aún se pueden encontrar los restos de aviones que desaparecieron durante la guerra. Cuando yo vivía en Vanuatu también desaparecían aviones que costaban encontrar entre la vegetación de la selva y eso si los encontraban.

Recuerdo el avión en el que perecieron varias personas que conocí en Vanuatu. Una de ellas pertenecía a una famosa familia británica y el desafortunado incidente se publicó en los periódicos más importantes de Inglaterra.

Recuerdo haber cenado en una ocasión con Cassie Clunies-Ross en la residencia del Alto Comisionado Británico en la que ella acababa de llegar a Vanuatu en calidad de voluntaria y la casualidad hizo sentarnos en la misma mesa. A pesar de pertenecer a una famosa familia, la encontré muy natural y "friendly" como dirían los británicos. Me gustó su naturalidad y el hecho que llevaba una falda con una camisa sencilla para la cena, excusándose porque no había traído ropa elegante. Después de todo, era una chica joven de unos ventitantos años que venía a trabajar como voluntaria.

Más tarde supe que Cassie salía con un fotógrafo francés, muy conocido por sus instantáneas de gentes, vestimentas y maquillajes para los rituales de Vanuatu. Yo tengo una de sus fotografías tomadas durante la famosa danza Toka de Tanna.

Otra persona que falleció en el incidente era Andrew, un joven diplomático australiano con el que había coincidido en varias cenas y fiestas quien apenas hacía un mes que se había casado y que había subido al avión en el último momento cuando casi lo obligaron los otros "porque iba a ser una gran aventura que no podía perderse". Así se lo había dicho a su mujer en la última conversación telefónica que tuvieron. Iban a tomar fotos en lugares remotos. De hecho, él estaba todavía un día más en Santo y tenía que tomar su avión para regresar a Port Vila al día siguiente.

La noticia del accidente fue impactante entre la comunidad expatriada. Podía haber sido cualquiera de nosotros pasajero en ese avión. Los equipos de rescate tardaron más de una semana en hallar el avión perdido entre la densidad de la selva. Fue un funeral con lluvia, tristeza y mucha emoción. A todos nos afectó de una forma u otra el incidente. La vida es muy frágil y en Vanuatu tuve certeza de ello.

En la capital de Santo, Luganville, todavía se pueden ver algunos edificios construídos por los americanos durante la segunda Guerra Mundial y que aún son utilizados hoy en día sin mayores cambios en su estructura.

La playa llamada Champagne Beach, es donde los americanos celebraron el final de la guerra y como su nombre indica, corrieron ríos de champaña ese día. Es también una de las playas más espectaculares y preciosas de todo el Pacífico Sur. Estuve nadando en sus aguas cristalinas e intenté imaginarme como esa playa casi desierta estuvo llena de soldados norteamericanos para celebrar el final de una guerra en uno de los lugares más encantadores del mundo.

Santo también fue escenario de famosos incidentes durante la Guerra de Independencia a finales de los años 70. El más famoso es el protagonizado por el lider secesionista Jimmy Stevens, un ni-vanuatu de sangre melanesia y escocesa (su padre había sido un colono escocés y su madre era melanesia) que pretendía declarar el Estado Independiente de Vemerana, bajo el movimiento conservador Nagriamel que promovía un regreso a la forma de vida tradicional, en la que se incluía el derecho a tener varias esposas a la vez.

Jimmy Stevens era un héroe carismático que solicitó la independencia del país a las Naciones Unidas en 1971, lo cual llevó a la formación del partido anglófono liderado por Walter Lini, Vanua'aku Party. Con respecto a los ni-Vanuatu francófonos, en su mayoría estaban en contra a la idea de la independencia.

El llamado Condominio de las Nuevas Hébridas estaba administrado por Inglaterra y Francia y ambos competían por la influencia de poder. Como he mencionado, muchos francófonos, particularmente los mestizos con sangre melanesia y francesa, no querían la independencia. Algunos querían la continuación del condominio mientras que otros pretendían la anexión a Francia como territorio de ultramar.

Con este escenario de confusión en el que también participaba el líder secesionista Jimmy Stevens, que pretendía la independencia de la isla de Santo, se debatieron las primeras elecciones generales.

En noviembre de 1979 el partido anglófono de Walter Lini, el Vanua'aku Party, ganó con la mayoría de votos, lo cual no significaba que todo el mundo estaba de acuerdo. Hay que recordar que Vanuatu tiene 83 islas y más de 113 lenguas distintas. Es uno de los países que posee más culturas diversas en el mundo.

Cuando Jimmy Stevens levantó en Santo la bandera del estado independiente de Venerama y se autoproclamó Primer ministro, no hubo apoyo al gobierno electo por parte ni de los franceses ni de los ingleses que abandonaban la colonia. Walter Lini no podía hacer nada ya que oficialmente todavía no había tomado el mando. Tuvo que recurrir a las tropas independientes de Papua Nueva Guinea para controlar la situación.

Lo que se conocía como la Guerra de los Cocoteros por los medios de comunicación de la época, finalizó cuando el hijo de Stevens falleció a consecuencia de un disparo cuando se saltó un bloqueo en la carretera. Jimmy Stevens sacó un comunicado en el que afirmaba que no había querido llegar a este extremo ni herir a nadie y se rindió incondicionalmente.

Más tarde salieron a la luz unos documentos en los que se indicaba que la administración francesa, aunque oficialmente apoyaba a Lini como representante elegido del pueblo, en secreto prefería a los ciudadanos secesionistas de Jimmy Stevens.

Jimmy Stevens pasó los últimos años de su vida como recluso en el hospital de Port Vila donde era un paciente carismático conocido por todos. Allí se le podía ver conversando animadamente con alguna gente. No es que estuviera permanentemente enfermo sinó que el hospital era mejor que la celda de la prisión.

Una noche del mes de junio de 1980, se arriaron las banderas británica y francesa para izar la de la nueva nación de Vanuatu, en medio de lágrimas de emoción. Vanuatu al fin se había liberado de su pasado colonial. Vanuatu comenzaba una nueva era para retomar de nuevo las riendas de su propio destino, aunque no iba a ser fácil.

LA ISLA DE PENTECOSTÉS Y EL SALTO BUNJI

En Vanuatu, cada isla tiene sus costumbres y celebraciones. Algunas de ellas son originales y desconocidas para el resto del planeta y otras se convierten en espectáculos lejanos de la tradición que los originó.

Seguramente, pocos conocen que el origen del salto conocido como Salto Bunji o al vacío, está en la isla Pentecostés de Vanuatu. Pentecostés fue descubierta el 22 de mayo de 1768 por el explorador francés Louis de Bouganville, que la llamó así por haberla avistado en ese día.

Desde hace más de 2.000 años, los hombres de la isla de Pentecostés realizan cada año uno de los ritos más espectaculares que se conocen. Tan pronto como comienza a crecer la primera cosecha de yam, un tubérculo que se utiliza como parte tradicional de su alimentación, los hombres construyen torres de madera que alcanzarán hasta 27 metros.

Durante dos días consecutivos de celebraciones acompañadas de bailes y cantos rituales, varios hombres elegidos por cada pueblo de la isla, suben a la torre para saltar al vacío, sujetos por los tobillos con unas lianas que impedirán que se estrellen. Las lianas tienen que ser 10 centímetros más cortas que la altura del salto para que éste no sea mortal.

El salto es un ritual que si se realiza sin complicaciones, garantiza una buena cosecha de yam para el año siguiente. Las fechas del ritual tienen que ser avaladas por los jefes tribales y se considera de mal augurio no cumplir esta tradición. Una de las contadísimas ocasiones en que falleció una persona al saltar, fue durante la visita de la reina Isabel II de Inglaterra a Vanuatu en la década de los años 70.

Contrariando la costumbre del país, que retiene de mal augurio realizar los saltos fuera de las fechas autorizadas por los jefes tribales, los asesores de la reina de Inglaterra quisieron incluir en su visita la contemplación de tan inusual acto como son las ceremonias de los saltos de Pentecostés. El hombre que realizaba el salto, se estrelló contra el suelo al romperse la liana que tenía atada al tobillo, en presencia de su majestad la reina de Inglaterra.

Según la leyenda popular, el salto tiene lugar en la memoria de Tamalie, víctima de la astucia de su mujer. Dice la tradición que los hombres fertilizan la tierra al tocarla con los hombros en el salto. El primer salto fue iniciado por la mujer de Tamalie, que rehusó consumar el matrimonio y escapó de su esposo, que la seguía ansioso. Tratando de escapar de él, la mujer se subió a lo alto de un árbol y se lanzó al vacío cuando su esposo intentó alcanzarla. Tamalie se lanzó a su vez tras ella pero se mató al estrellarse contra el suelo mientras que su mujer salió ilesa al haberse atado previamente las lianas del árbol alrededor de los tobillos. Desde entonces, la tradición quiere que sean solamente hombres los que se lancen al vacío con lianas atadas a los tobillos.

Las costumbres y los valores tradicionales se han mantenido a través de los siglos y los ni-Vanuatu están orgullosos de ello. No se trata tan sólo de una serie de rituales, ceremonias y tradiciones; es más bien una forma de vida. La cultura ni-Vanuatu o kastom dicta la forma de comportrase y, junto a las tradiciones, hace de referencia de unión de la gente para vivir en paz y armonía. Hay tradiciones que a medida que cambia la sociedad han evolucionado o desaparecido, pero en general se mantienen la mayoría de tradiciones para proteger y guiar a los ni-Vanuatu a través de su transición terrena.

Hubo una época, cuando la influencia de la colonización blanca amenazó con destuir el kastom, que se temió por ella. Pero actualmente, tanto el gobierno como los representantes de la iglesia y los jefes tribales, reconocen la necesidad de mantener las tradiciones ancestrales. Hay que tener en cuenta que Vanuatu es un país donde el Presidente tiene entre sus guardias del cuerpo a un hechicero para protegerle de sus enemigos.

El Consejo Nacional de Jefes Tribales o Malvatumauri, fue establecido para proteger las costumbres, la cultura y las tradiciones ni-Vanutau. Malvatumauri fue creado el 27 de abril de 1977 y están representados los jefes tribales de todas las islas. Una de sus funciones primordiales es asesorar al gobierno acerca de todas las cuestiones relacionadas con kastom, la cultura y las tradiciones.

El Consejo de Jefes Tribales tiene un presidente elegido por unanimidad entre todos los jefes, con oficina en la capital, Port Vila. Cada año se celebra el 5 de abril como el día de los Jefes Tribales, con un día de fiesta. Los jefes ayudan a mantener la paz y la armonía entre las comunidades de las 83 islas que forman el archipiélago, a través del respeto por las costumbres y tradiciones ancestrales, incluyendo el cristianismo.

El salto Bunji de la isla de Pentecostés es una expresión de la cultura milenaria de estas islas, cuyo nombre significa 'Nuestra Tierra Eterna'.

LA ISLA DE TANNA Y EL VOLCÁN

Hay lugares que guardamos archivados en el cajón de recuerdos inolvidables. En Tanna estuve varias veces y recuerdo claramente cada una de mis visitas. Es para mí, una de las islas que me recuerdan más vivamente el espíritu del alma melanesia de Vanuatu.

La isla de Tanna es una de las más pobladas de Vanuatu. Es asimismo una de las más fascinantes. En Tanna prevalecen la cultura tradicional y el kastom o reglas de convivencia tradicionales y a veces era difícil pensar que nos hallábamos a finales del siglo veinte.

El capitán James Cook fue el primer europeo en llegar a Tanna en agosto de 1774 despues de haber visto el reflejo del volcán Yasur en el cielo. Su barco HMS Resolution llegó a la bahía que llamó Port Resolution, un nombre que le ha quedado.

El siglo diecinueve se caracterizó por muchas luchas contra los foráneos. En particular, los misioneros se encontraron con muchas dificultades y en muchos casos fueron asesinados y comidos en fiestas caníbales, que prevalecían en la época.

Mi amiga Marta vino desde Barcelona para pasar un mes conmigo en 1991. Su marido, Andreu, había fallecido en circunstancias extrañas y dolorosas y este viaje iba a ser a un lugar desconocido para ella, lejos del dolor de los recuerdos en Barcelona. Creo que Vanuatu representó en esos momentos de la vida de Marta, un bálsamo de alivio al dolor acumulado en los últimos meses. Fue muy valiente al atreverse a aceptar mi invitación para pasar unas semanas en las antípodas de Barcelona. Espero que recuerde todavía esos días como un alivio a las heridas emocionales que le ayudó a seguir adelante

Una de las visitas más impresionantes fue la del volcán Yasur, en la isla de Tanna. En aquella época era todavía posible escalar hasta el cráter del volcán activo. La experiencia de contemplar un cráter con lava es inolvidable. Subimos por la escarpada cuesta hasta el cráter sin ninguna otra persona alrededor más que nosotros tres y nuestro guía ni-Vanuatu.

Al llegar al cráter se podían contemplar unos fuegos artificiales pero desde arriba hacia abajo y con una masa de fuego de color cambiante que no te alcanzaba aunque la sentías cerca. Fue algo único e impresionante.

Muchos pueblos en Tanna mantienen todavía su vida tradicional como desde hace miles de años y todavía se pueden ver las casas construidas en los árboles, los hombres vistiendo el tradicional 'namba' o taparrabos hecho con hojas de pandano y las mujeres con sus faldas de paja tradicionales con sus senos al aire. Muy distinto del tradicional vestido 'mother hubbard' que introdujeron los misioneros, para quienes la modestia en cuestiones de vestido era parte esencial de sus enseñanzas.

En Port Vila, la capital, el modesto vestido 'mother hubbard' es el utilizado en su mayoría por las mujeres ni-Vanuatu y una tiene que viajar hasta la islas para ver el tipo de vestimenta más tradicional. El vestido cubre el cuerpo de las mujeres desde el cuello hasta las pantorrillas, todo ello en un material de algodón con motivos florales que sólo he visto en los Mares del Sur.

En Tanna, hay muchas danzas y ceremonias tradicionales a través del año, pero una de las más espectaculares es la ceremonia Toka. El festival dura tres días y el pueblo que se encarga de los preparativos intenta superar lo que hizo el pueblo anterior en términos de comida y regalos. Los regalos tradicionales son cerdos, su fuente principal de riqueza, kava, su bebida tradicional y alfombras de paja o yute que se utilizan para cubrir los suelos de sus chozas. Durante la fiesta hay el equivalente a un concurso de belleza lo cual motiva tanto a hombres como a mujeres y niños a pintar sus caras de las formas más pintorescas.

Tengo en casa una foto de una mujer vestida y pintada para la ceremonia del Toka, hecha por un famoso fotógrafo francés residente en Vanuatu, Philip Metois, que me recuerda vivamente esos días. Estoy segura que las ceremonias siguen celebrándose de la misma forma ancestral año tras año.

Una de las veces que estuve en Tanna, me quedé con un colega australiano de mi marido, casado con una mujer de Papua Nueva Guinea. Su animal de compañía era una cabra bastante alocada llamada Tommy. Dicha cabra, me acorraló en la cocina sin dejarme mover ni un ápice y con formas un tanto amenazadoras. Así estuve durante lo que me pareció una eternidad pero que tal vez fueron diez minutos hasta que Dora, la dueña del animal, me rescató. A partir de entonces, no recuerdo momento en que no mirara de un lado al otro antes de moverme por la casa como por el pueblo.

Supe unos meses más tarde que Tommy la cabra había muerto envenenada por algun vecino. Los dueños estuvieron de un luto absoluto. Yo recuerdo avergonzarme al sentir cierto alivio pensando en mi próxima visita a Tanna sin la cabra para recibirme...

Siempre he encontrado la gente de Tanna acogedora y amable. Recuerdo a una niña que se hizo amiga mía inmediatamente que se llamaba Serendipity y que me trajo a los pocos minutos de conocerme una caracola preciosa y muy rara que había recogido en una de las playas. Todavía la conservo y es una de las más preciadas de mi pequeña colección.

En Tanna, sabía que podía moverme por la isla sin peligro. Tal vez porque era la invitada de Yarkin y su familia. A través de mi marido Peter, que trabajaba asesorando a las cooperativas locales, tenía acceso a la gente local y como invitada tenía todo el respeto y hospitalidad de la que son capaces.

Una de las cosas que considero más pintorescas de la mentalidad de Tanna es su adherencia a los llamados cultos cargueros (cargo cults). Estos cultos tienen su origen en la mentalidad peculiar de los melanesios, muy distinta de la nuestra. Uno de los cultos existentes en Tanna es el llamado 'John Frum'. El origen de este culto proviene de la segunda Guerra Mundial, cuando los americanos tuvieron una gran base con 100.000 soldados en las Nuevas Hébridas.

Tal vez el hecho de ver a soldados negros con el mismo poder que los blancos, y tal vez el hecho que en realidad el original soldado llamado John existió, desde entonces hay un culto en Tanna que tiene como símbolo la cruz roja y cada año realiza un gran desfile esperando el regreso de 'John Frum' con cantidad de regalos para todos.

Para los seguidores de este curioso culto, el dia que 'John Frum' regrese, habrá riquezas para todos sus seguidores y serán por siempre jóvenes y ricos. No es de extrañar que con esas promesas, el culto tenga seguidores. La mentalidad melanesia es muy literal y si por ejemplo vieron soldados del mismo color que ellos durante la segunda Guerra Mundial, manejando vehículos todo terreno, bebiendo toda la Coca-cola que querían y utilizando todo tipo de equipamientos, los melanesios decidieron que tambien ellos podian tener opción a todo eso y de ahí algunos explican el nacimiento del culto.

Otro culto muy peculiar existente en Tanna es el culto al príncipe Felipe de Inglaterra o duque de Edinburgo. Resulta que en Tanna se enteraron que había un hombre europeo (Felipe) casado con una mujer muy poderosa (la reina de Inglaterra) y al ser cosa rara, ya que en Vanuatu las mujeres estan consideradas inferiores a los cerdos, decidieron que era un espíritu sobrenatural y con muchos poderes.

Cuando el Sr Wilkins, el agente de distrito británico en la época (hablamos de los años 60) iba de visita a Londres, los hombres del pueblo le dieron un regalo para el príncipe Felipe que consistía en un palo ceremonial para matar cerdos diseñado para un hombre de un estatus superior. Cuando el príncipe Felipe recibió el regalo, le pidió al Sr Wilkins que agradeciera en su nombre por los regalos recibidos y le dió una foto firmada suya.

Al regreso, entre las imprecisiones del mensaje pasado por el Sr Wilkins, amén de la foto, los taneses concluyeron que el príncipe Felipe confirmaba que estaba de acuerdo con sus creencias. De ahí en adelante, recibieron la confirmación que se trataba de la personificación de un espíritu ancestral, parte de la cultura melanesia.

Se da el curioso caso de que cuando el príncipe Felipe visitó las islas con la reina de Inglaterra en los años 70, sus asesores le pidieron que no visitara Tanna ya que si así lo hacía, los seguidores de su culto pondrían en acción parte de las creencias asociadas al culto, lo que conduciría a un desmadre colectivo al deshacerse los matrimonios y las mujeres convertirse en libre presa para todos los hombres de acuerdo a sus gustos.

Los seguidores del culto pueden todavía verse circulando por la isla, vestidos con sus taparrabos y exhibiendo la fotografía dedicada del príncipe Felipe de Inglaterra. En Vanuatu, muchas veces la realidad es más rara que la ficción.

Otro de los recuerdos que conservo de Tanna es el de nadar con un dugong o vaca de mar. El dugong parece ser que había decidido quedarse en una de las bahías de Tanna a donde había llegado con su compañera quien falleció poco después de la llegada a la bahía de Port Resolution y de vez en cuando, sólo si le apetecía, acompañaba a la gente que iba a nadar por esas partes. Ese fue el caso nuestro y casi sin darnos cuenta, sentimos al dugong nadando a nuestro lado. Una experiencia única e irrepetible ya que es difícil que suceda dos veces.

Cada estancia en Tanna me trasladaba a muchísimos años de diferencia con la civilización de relativa influencia occidental que se podía encontrar en Port Vila. Era como tomar una máquina del tiempo y volver atrás cientos de siglos.

CONTRASTES DESDE VANUATU

Este es el artículo que escribí y que fue publicado íntegramente por El País Internacional el lunes 21 de diciembre de 1992 para celebrar su ejemplar número 500. Me habían escrito desde la redacción de El País para pedir mis opiniones desde una cultura tan lejana. Dedicaron media página a mi artículo y sin alterar el texto que había escrito. Se titulaba 'Contrastes desde Vanuatu' y expresaba en pocas palabras la experiencia de vivir en esas islas. Pocos meses después, regresaba a Barcelona.

Cada vez que lo leo pienso en la relevancia de algunos hechos cambiando solamente el nombre en el panorama de la situación mundial actual. Por desgracia, seguimos sin aprender de la historia. Aquí está el artículo:

«¡Menuda sorpresa la de recibir su reciente carta solicitando mis impresiones acerca de EL PAÍS, Edición Internacional, desde este remoto lugar! Voy a intentar describir lo mejor que pueda mis vivencias e impresiones al recibir un periódico al que le tengo tanta estima.

Creo que cuando no se ha tenido la oportunidad, como yo, de vivir en unas islas tan remotas que preservan todavía su cultura milenaria, es difícil imaginar que una cosa tan accesible en otros países como son las noticias internacionales, aquí el simple recibo de EL País es para mí uno de los pocos contactos con lo que está pasando en el mundo. A veces, sin embargo, tras leer las noticias me siento privilegiada de poder estar tan alejada de una llamada civilización que no parece hacer más que guerra tras guerra.

A mis amigos ni-Vanuatu (naturales de Vanuatu) les cuesta creer que las imágenes de niños muriéndose de hambre sean verdad. Aquí la comida es considerada un derecho primordial de todo ser humano y no se niega nunca a nadie, o bien un plato o un huerto donde cultivar sus propios vegetales. A los niños se les trata con mucho cariño. "¿Por qué permiten eso en sus países?", me pregunta la gente de aquí. Desgraciadamente, no tengo respuestas válidas para ello.

No obstante, sigo echando de menos todas esas noticias de mi país y del mundo que, gracias a EL PAÍS, me ayudan a mantener el corazón más cerca de España, Europa y sus venturas y desventuras.

Es difícil encontrar otro periódico tan ecológicamente utilizado como mis ejemplares de EL PAÍS. Aunque soy la única española en este lugar, no por ello soy la única hispano-parlante. Aquí existe un abanico de gente de todos los colores que hablan español. El primer paso después de que mi marido, que aunque es inglés habla español, y yo leamos el periódico es que después lo paso a otra gente interesada, quien a su vez lo entrega a la biblioteca de la Universidad del Pacífico Sur, donde yo doy clases de español.

En mis clases utilizo artículos sacados de EL País para lectura e iniciación de diálogo. El último artículo que utilicé fue acerca de la Expo de Sevilla, con la anécdota de que cuando pregunté a mis alumnos si les hubiera gustado asistir, una alumna ni-

Vanuatu respondió que sí, pero que tenía miedo «a ser aplastada por tanta gente». Hay que tener en cuenta que éste es un país con 130.000 habitantes repartidos en 80 islas rodeadas de coral y cocoteros. La capital cuenta con 15.000 habitantes, y alguna gente que no ha salido nunca de su isla lo considera una gran aglomeración de gente.

No sé si les resultará de interés saber que el primer descubridor de estas islas, en 1606, fue un español, Pedro Fernández de Quirós (en realidad era portugués, pero trabajaba para la Corona española), quien, por cierto, poco duró en estos parajes, ya que, tras varios altercados con los nativos y la desaparición de la mayoría de su tripulación debido en parte a la malaria y en parte al canibalismo, tuvo que levar anclas rápidamente. De todos modos, de su breve visita han quedado los nombres en español de varias islas, tal como Espíritu Santo, a la cual se conoce familiarmente como Santo.

Todavía me resulta difícil creer que, en los tres años y medio que llevo viviendo aquí, han podido pasar tantas cosas inesperadas en el mundo. Me he perdido el desmantelamiento del Telón de Acero en los países de Europa del este, el rechazo del comunismo, el feo auge de los nacionalismos obtusos y mezquinos y el temido resurgimiento de un fascismo que me hace pensar que la historia no nos ha enseñado lo suficiente para no cometer otra vez los errores del pasado. Todo esto, unido a una Guerra civil en Yugoslavia, en el mismísimo continente europeo.

El año próximo regreso a España, concretamente a Barcelona, mi ciudad natal, y sólo espero que mi transición de esta sociedad, tan pura y tranquila, a la jungla de asfalto no sea muy dura.

Señores de EL PAÍS, Edición Internacional, lo único que les pido es que nos ofrezcan más buenas noticias con mayor frecuencia. También pasan cosas buenas en el mundo y de vez en cuando todos necesitamos que se nos recuerde que el coraje y la bondad humana existen en medio de situaciones desesperantes.

Me despido deseando a la edición
internacional de EL País toda la felicidad y
larga vida que se merece. Un aplauso, feliz
aniversario y por muchos años más.»

LA EXTRAORDINARIA HISTORIA DE CORREOS DE VANUATU

En diciembre de 1991 se publicó un artículo mío escrito en inglés para la revista de coleccionistas de sellos Stamp & Coin Mart titulado 'Vanuatu and its historical stamps'. No es que yo sea coleccionista de sellos, pero el tema me pareció tan interesante que decidí escribir un artículo para los amantes del tema. Esta es la traducción al español:

«La historia de correos del país de Vanuatu en el Pacífico Sur, no es común. Anteriormente se conocía al país como las Nuevas Hébridas, antes de la independencia de 1980 y estaba gobernado conjuntamente por Inglaterrra y Francia desde 1906 cuando lo declararon el Condominio de las Nuevas Hébridas.

Los franceses querían tomar el poder de las Nuevas Hébridas desde su base en Nueva Caledonia y los ingleses desde sus bases en Fiji y Australia. Este conflicto de intereses llevó a la creación de la administración conjunta de lo que se llamó el Condominio de las Nuevas Hébridas.

Esto significó que habían dos grupos por separado de todo, incluyendo dos grupos de sellos de corrreos en francés e inglés respectivamente. Previamente, se acostumbraba utilizar los sellos de otros países.

El primer explorador europeo que llegó a las islas fue Pedro Fernández de Quirós en mayo de 1606, que era un capitán portugués trabajando para la corona española. Nombró a la primera isla que encontró "Espíritu Santo", un nombre que se ha conservado a través de los siglos hasta la actualidad.

Continuos escarceos y luchas con los nativos hizo que Quirós abandonara las islas después de 55 días. Pasaría más de un siglo y medio antes que otro grupo de exploradores intentara colonizar las islas.

El capitán inglés James Cook llegó a las islas en 1774 y las nombró las Nuevas Hébridas como las islas de la costa de Escocia.

También llegaron exploradores franceses. Bouganville, el legendario explorador francés llegó en 1768 y Laperouse, otro famoso explorador francés llegó en 1778. Sin embargo, ambos barcos se hundieron en los arrecifes de coral durante fuertes tormentas y no hubieron sobrevivientes para contarlo. Pasaron más de dos siglos hasta que se encontraron los restos del hundimiento.

Las islas eran ricas en madera de sándalo, una mercancía valiosa en el siglo XVIII. Los balleneros también llegaron a la zona, seguidos por los comerciantes que llegaron para vaciar los bosques de árboles de sándalo.

Los misioneros llegaron determinados a llevar el cristianismo a los habitantes melanesios de las islas. Fue una mezcla de comercio, ambición y religión lo que atrajo a los europeos que llegaron para aposentarse en las islas.

Uno de los primeros sellos que se utilizó fué producido por la compañía de comercio australiana Burns Philp en 1897, cuando la compañía comenzó a operar en las islas. Después de la independencia del país en

1980, se introdujo solamente un grupo de sellos bilingues par reflejar mejor el estatus independiente y unificado del país.

En 1991, Vanuatu sacó cinco sellos distintos para coleccionistas. Los tópicos cubiertos reflejan a la gente, el medio ambiente y los logros del país.

El primer sello que salió en enero de 1991 está dedicado a cuatro especies de preciosas mariposas. En mayo, el tema se refería al segundo Festival Folklórico Nacional que tuvo lugar en junio en la isla de Espíritu Santo. La gente se reunió allí proveniente de distintas islas de Vanuatu para compartir sus danzas y costumbres ancestrales.

En agosto el tema era la meteorología, un tópico muy importante para un país que sufre de desastres naturales como ciclones y terremotos de forma regular. En octubre, el tema eran los pájaros. Esto se dee al reciente descubrimiento de una rara especie de pájaro marino en una de las islas del primer parque natural de Vanuatu.

En diciembre el tema estaba dedicado al SIDA, para unirse a la lucha mundial contra la enfermedad.

Los sellos que salieron son o bien definitivos o conmemorativos y de los 32,000 sellos imprimidos de cada tema, cerca de 11,000 son comprados por coleccionistas de Inglaterra y Francia.

El tema definitivo comprende 15 sellos distintos mientras que el tema conmemorativo comprende 4 sellos distintos. La mayoría de los diseños se producen en Inglaterra con algunas excepciones.

El recientemente celebrado Festival Folklórico Nacional sale en un tema de cuatro sellos conmemorativos. El festival fue el segundo celebrado y tiene lugar una vez cada diez años. El primer festival tuvo lugar antes de la independencia en 1980 y el más reciente tuvo lugar en la isla de Espíritu Santo en junio de 1991.

Aparte del sello de 25 vatu, que muestra una danza ceremonial del sureste de la isla de Malekula, los otros sellos cubren sujetos que incluyen más de una isla.

Los sellos para el tema del festival fueron diseñados por Sue Wickison, una residente inglesa de Vanuatu cuyo trabajo principal en los últimos nueve años ha sido para los Jardines Botánicos de Kew Gardens como ilustradora de nuevas especies de plantas, flora y otros papeles científicos.

Para los coleccionistas alrededor del mundo, los sellos de Vanuatu son una preciosa muestra de los fascinantes eventos y cosas que pueden encontrarse en este remoto país.»

Cuando salió este artículo, el Alto Comisionado británico le preguntó a Peter si realmente era yo la escritora del artículo. Parece ser que era un coleccionista de sellos y quedó impresionado que yo hubiera escrito semejante artículo en inglés. A partir de entonces, no me volvió a mencionar los vinos baratos españoles!

ES UN CICLÓN

Como prueba de que el paraíso terrenal no existe, hasta en Vanuatu hay un peligro inevitable, los ciclones. Tuve la experiencia de tres ciclones durante mi vida en Vanuatu y comprendo bien el miedo a las desgracias causadas por fuerzas naturales que si bien pueden ser alertadas con anticipación, no por ello pueden ser evitadas completamente.

Vanuatu es el país con más propensión a sufrir ciclones del Pacífico Sur. Entre 1970 y 1985 aproximadamente 29 huracanes y ciclones, pasaron por Vanuatu. Como promedio, cualquier isla del país puede ser golpeada por un ciclón cada dos años, normalmente entre enero y abril. Como efecto del cambio de clima del planeta, los ciclones son cada vez más frecuentes y violentos en años recientes.

En la época de lluvias, que va de noviembre a abril, pueden haber fuertes lluvias causadas por ciclones en la zona , en cualquier momento. Pero nada es comparable a la experiencia de un ciclón que se abate contra el lugar donde una se halla.

Cuando llegué a Vanuatu en 1989, el ciclón Uma había hecho grandes estragos en la capital, Port Vila, y también arrasó los arrecifes de coral que rodeaban esa parte del país. En la isla de Hideaway, a pocos minutos en barca de distancia de Port Vila, el coral había sido completamente destruído y tardaron dos años para poder ver de nuevo los maravillosos corales como eran antes de la llegada del ciclón. De todos modos, en Vanuatu, todo crece y se renueva con el tiempo. Los ni-Vanuatu saben que después de la destrucción volverá a crecer la vegetación y el coral de nuevo. Nada desaparece para siempre excepto las personas.

La primera experiencia que tuve de lo que representa realmente fue cuando funcionarios del Alto Comisionado británico nos convocaron a una charla acerca de como prepararse mejor para la llegada de un ciclón. La charla tuvo lugar en una clase de una escuela local donde soplaba un viento que movía las puertas mal cerradas augurando aventuras de ciclones por llegar.

Para empezar nos dijeron que hay que preparar la casa en caso de ciclón para que no sólo no se lleve el fuerte viento los enseres sinó para protegerlos de la cantidad de agua que se avecina. Hay que meter por ejemplo, los libros en bolsas de plástico y ponerlos en lugares alejados del suelo ya que cuando llega el ciclón el agua invade la casa. Las cosas frágiles hay que protegerlas ya que el viento sopla fuerte aun dentro de la casa y hay que abrir la ventana del lado opuesto de donde sopla el viento para evitar que se hinche el interior y explote el techo. Luego nos dijeron que hay que poner cinta adhesiva en forma de x en las ventanas ya que en caso de rotura de cristales, así no caen en añicos. Y como colofón de practicalidades, hay que olvidarse de las velas, ya que hasta dentro de la casa el viento es tan fuerte que es inútil encenderlas. Lo único que sirve son las lámparas de tormenta.

    Los avisos de un inminente ciclón llegan normalmente unos dos o tres días con antelación, cuando empieza a llover casi como el diluvio universal. El cielo comienza a oscurecerse y cuando ya el ciclón está por llegar, el cielo oscurece durante el día como si fuera de noche y la lluvia se convierte en cortina de agua que lo cubre todo. Gradualmente, se corta la electricidad y luego, los mensajes por radio y así uno se prepara para lo que pueda llegar en ansiosa expectación.

Nuestro primer ciclón fue el menos temible, más que nada por lo desconocido del tema. Aunque recuerdo que pasamos toda la noche sacando cubos de agua por la cantidad que entraba por las rendijas de ventanas y puertas aun después de haberlas cubierto con trapos. Peter hizo el comentario que como podía ser que dejaran volar aviones en situaciones de llegada inminente de un ciclón. Yo le comenté que ese ruido no era el de un avión sino el del ciclón que se acercaba en dirección a Port Vila!

Alguna gente amante del peligro y sobre todo con un nivel de despreocupación o inconsciencia por la seguridad personal, se atreven a salir durante el ciclón para experimentar lo que se siente. No solo ven volar los árboles y torcerse los palos de la electricidad sino que en la mayoría de las veces resultan heridos por algún trozo de techo volante o en los mejores casos consiguen aferrarse a cualquier cosa para evitar volar como Mary Poppins. Todo ello mojados como una sopa y con el viento haciendo de secador que en vez de secar, moja.

Al día siguiente descubrimos que alguna gente había perdido sus casas, otros el techo y los más afortunados, algunos árboles del jardín. Nosotros lo que no perdimos fue el miedo a otros ciclones, pero tuvimos que pasar por otras dos experiencias similares.

El segundo ciclón nos cogió en una nueva casa que tenía persianas especiales para proteger las ventanas de los ciclones. Pasamos toda la noche rezando para que se fuera pronto y no pudimos echar ojo del miedo. Pero no nos pasó nada aunque otros no pudieron decir lo mismo. Tanto expatriados como ni-Vanuatu perdieron sus casas durante los ciclones. Para los ni-Vanuatu todo esto forma parte de la experiencia de la vida que les ha tocado vivir y no vale la pena llorar por lo que se ha perdido, sinó que hay que empezar a reconstruir lo más pronto posible. Es una actitud valiente y estóica que admiro fuertemente. A mi, cuando me dijeron que la casa donde vivíamos antes, había sido destruida y el techo había volado, me entró algo de miedo al pensar que podía haber sucedido cuando estábamos allí.

En estos casos, la solidaridad humana se convierte en moneda corriente. Siempre hay alguien con algunos platos o muebles de más que puede ayudar al vecino o amigo a reconstruir lo que ha perdido. Se considera normal ayudar en la medida que uno puede.

Del tercer ciclón solamente recuerdo que el ruido del viento era tan fuerte que se hacía imposible hablar dentro de la casa y ser escuchada. Pero sobrevivimos a ese también. Tuvimos mucha suerte en Vanuatu. Ahora prefiero recordar los ciclones como experiencias del pasado.

THE SPANISH DANCER

En Vanuatu alguien me dijo una vez que cuando se siente un dolor insoportable en el alma, se puede crear una cuerda invisible y atarla alrededor del dolor con una piedra dentro y luego echar el paquete al mar. Esta es la historia de un dolor que yace en el fondo de una laguna en los Mares del Sur.

Faltaban pocos meses para partir de Vanuatu, tras cuatro años de muchas experiencias inolvidables, y al regresar del funeral de mi padre en Barcelona, me encontré con una nota y un calendario con pinturas del actor holandés Jeroen Krabbé, quien había estado filmando en Vanuatu recientemente y había pasado el tiempo entre rodajes en su afición favorita, la pintura y luego había publicado un calendario con su trabajo.

La nota que acompañaba al calendario era de Leticia, holandesa como el actor, que había regresado a Vanuatu casi tres años después de la muerte de su marido en trágicas circunstancias. La nota era muy bonita y me hizo recordar esos momentos cuando Leticia y su madre estuvieron en mi casa varios días después de la tragedia. Leticia había decidido regresar al cabo de los años por dos semanas para ver el lugar donde pasó momentos de felicidad y extrema tristeza y decir adiós para siempre a esa parte de su vida. Yo no pude encontrarme con ella ya que estaba en Barcelona en esos momentos pero intuí que sus heridas estaban curadas.

Hacía pocos meses que yo había llegado a Vanuatu y había entrado a formar parte de un grupo de mujeres que se reunían una vez por semana para coser, bordar, intercambiar técnicas y sobre todo para hablar de nuestras cosas y sentirse menos solas en un lugar tan lejos de casa. El grupo se llamaba 'El Costurero' y allí aprendí a expresar una parte de mí a través de técnicas textiles que nunca se me habrían ocurrido en Europa y desde entonces he creado varias colchas de patchwork que siempre acabo regalando a mis mejores amigos. Leticia formaba parte de ese grupo y era una de los miembros más jóvenes. Yo la había visto dos o tres veces allí, pero no era una persona habladora y aparte de intercambiar saludos y algún que otro comentario acerca del lugar o del tiempo no podía decirse que la conociera. Sabía que estaba casada con otro holandés que trabajaba como experto asociado para Naciones Unidas. Eran ambos de una edad inferior a los 30 años y eran recién casados cuando llegaron a Vanuatu un año antes.

Los sábados por la mañana tenía por costumbre recorrer el mercado al aire libre y comprar algunos víveres de las mujeres ni-Vanuatu que los cultivaban y vendían. Luego, me dirigía al café 'La Tentation' donde siempre encontraba a alguien conocido para compartir mesa y charlas entretenidas. El café era al aire libre y estaba al lado del mar y desde las mesas se podía ver la isla de Iririki.

Ese sábado no llegué a 'La Tentation' porque en el camino me encontré con la madre de Leticia, que había venido desde Holanda para asistir al funeral de su yerno quien había fallecido en circunstancias misteriosas de las que hablaré más tarde. A esa señora la había conocido brevemente durante el funeral, al que asistió la mayoría de los expatriados de Port Vila. Creo que se llamaba Margaret o algo parecido. La encontré caminando sola por la calle principal de Port Vila y cuando le pregunté como estaba su hija, se echó a llorar. Me comentó que Leticia hacía días que estaba en cama sin querer ver a nadie, sin comer y llorando continuamente. Me ofrecí a acompañarla a su casa y tratar de hablar con Leticia, más que nada por solidaridad humana en una situación desesperada.

Leticia al principio se negó a verme pero yo conseguí entrar en su habitación tras golpear ligeramente la puerta. Estuvimos hablando durante creo que dos horas. Al final me fui con la promesa que se levantaría y vendría con su madre a pasar los últimos cuatro días de su estancia en Vanuatu a mi casa. Debo decir que la persona responsable de su marido en personal de Naciones Unidas en Nueva York se comportó de forma fría e insolidaria amén de no ofrecer ningún tipo de apoyo o ayuda económica en momentos tan difíciles e imprevisibles. En esos momentos de fragilidad, tanto Leticia como su madre se sentían muy vulnerables y empezaron a preocuparse por el poco dinero que les quedaba. Así es como acabaron siendo mis huéspedes.

Una vez en mi casa, Leticia me explicó con detalles lo que sucedió a su marido. Era un domingo por la tarde y habían decidido pasar un rato en una isla que queda a poco más de cien metros de la orilla de Port Vila y a la que se llegaba a través de una barca. El marido de Leticia decidió hacer a nado el trayecto y Leticia tomó el barco. Al pasar más de una hora sin señales de su marido, Leticia empezó a inquietarse y comenzó a pedir ayuda a la gente del pequeño hotel y restaurante de la isla. Tras varias horas de búsqueda por parte de las autoridades, no se llegó a encontrar el cuerpo de Alex, el marido de Leticia. La desgracia fue doble para ella, al no poder tener la certeza de la muerte ya que no se había encontrado el cuerpo de su marido.

En esa misma laguna había desaparecido una turista japonesa hacía unos dos años. Las leyendas del lugar le conferían un poder mágico a una serpiente dragón que según los lugareños habitaba en los agujeros marinos que rodeaban la isla y que cada dos o tres años se cobraba un sacrificio humano. Siendo Vanuatu, hubieron hechiceros de por medio, sacrificando pollos y demás intentando descubrir el fin de Alex, pero todo sin resultado. Uno de los hechiceros mencionó que el espíritu de Alex estaba en el fondo del lagón que circundaba la isla.

Pasaron los días y Leticia y su madre debían regresar a Holanda. Ví a Leticia sonreir cuando me despedí de ella en el aeropuerto de Port Vila y supe entonces que llegaría a superar la tragedia algún día.

Pasaron los meses y un día, decidí cruzar la laguna con una amiga en el mismo lugar donde había desaparecido Alex meses antes. Antes de subir al barco para atravesar la distancia que separaba la orilla de la isla, ví una criatura extraña de color rojo con motas blancas de un tamaño como una ciruela que parecía que intentaba llamar mi atención moviéndose de forma extraña. Cuando me fijé más atentamente, empezó a contorsionarse y moverse como una manta raya en miniatura y al comentarlo con mi amiga, a ella también le llamó la atención. Como era una cosa rara, mi amiga que ya llevaba varios años viviendo en

Vanuatu, decidió consultar uno de sus libros acerca de seres que habitan esas aguas y encontró el nombre de lo que habíamos visto apenas unas horas antes moviéndose en la orilla como si fuera una actuación personalizada. Carola me llamó emocionada y me dijo que el nombre de la criatura era Spanish Dancer lo cual explicaba sus movimientos sinuosos y las motas blancas en un fondo rojo. Y además, me comentó que era rarísimo verla en la orilla ya que normalmente vivía en las profundidades del lagón. Yo me quedé estupefacta porque recordaba lo que se decía de los espíritus de la laguna y pensé que había un mensaje escondido en todo esto.

Al día siguiente llegó una carta de Leticia donde me agradecía todo lo que yo había hecho por ella meses antes y me pedía que pasara un sobre en el interior dirigido a Carola...

¿Podría ser que el espíritu de Alex habitaba esa Spanish Dancer que bailó para nosotras como una forma de darnos las gracias y también hacernos saber que estaba bien y feliz en las aguas de la laguna y que nos pedía que se lo comunicaramos a Leticia? Nunca llegaré a saberlo, pero tengo mis dudas al respecto.

CANÍBALES Y HECHICEROS

Es creencia general en los países civilizados, que el canibalismo y la magia ya no existen y que son supercherías de gente crédula. Después de haber vivido durante cuatro años en Vanuatu, me reservo mi opinión al respecto.

En Vanuatu el canibalismo desapareció oficialmente a principios de los años 1960. Ha sido parte importante de la cultura de las islas durante miles de años y es tal vez debido a la influencia de los misioneros cristianos que esa práctica no se considera ya un rito deseable por la mayoría de las tribus que pueblan las diversas islas de Vanuatu. Pero como con casi todo en Vanuatu, es imposible certificar al cien por cien la eficacia de la prohibición, si bien es cierto que ya no se regalan piernas o brazos humanos en vez de los tradicionales pollos cuando se visita la capital desde las islas.

En 1917 los aventureros Osa y Martin Johnson fueron capturados por los Big Nambas en la isla de Malekula cuando pretendían filmar acerca de las tribus de la isla con el objetivo de preservar en film una forma de vida primitiva antes de que desapareciera con la civilización. Tuvieron suerte que antes de ser devorados en un festín caníbal, llegó providencialmente un barco británico y pudieron escapar corriendo a través de la selva. La película resultante de esta experiencia Among the Cannibal Isles of the South Pacific (En las islas caníbales de los Mares del Sur) fue un gran éxito. Los Johnson regresaron a los Mares del Sur en 1919 con varios miembros de su equipo para filmar su próxima película Cannibals of the South Seas (Caníbales de los Mares del Sur). Esta vez fueron recibidos cordialmente por el gran jefe de los Big Nambas, tal vez convencido que tenían poderes mágicos, pero sobre todo feliz de recibir los regalos que le habían traído.

La isla de Malekula es una de las islas más conocidas por su compleja cultura megalítica y sus formas de arte ritual asociadas con ritos de iniciación, graduación y estatus, ciertos tipos de sociedades ocultas y ritos funerarios de gran elaboración. Malekula es la segunda isla más grande de

Vanuatu, con 2.069 km cuadrados con una población de casi 24.000 personas que hablan 35 lenguas distintas y un número equivalente de sub-dialectos de dichas lenguas. En la mayoría de las colecciones de museos provenientes de Vanuatu, la mitad del material es originario de Malekula.

A pesar de que la mayoría de los habitantes del interior de Malekula se ha convertido al cristianismo, una gran parte del sur de la isla continúa siendo el centro de un complejo mundo espiritual que reconoce la influencia de espíritus ancestrales. Las tribus de esas partes siguen realizando los rituales que conectan los mundos material y espiritual a través de sacrificios, canciones, danzas rituales y la producción de formas de arte características. Es una parte del mundo muy complicada y en el sur de Malekula todavía existen veintiún lenguas diversas así como otros tantos sub-dialectos para una población de 8,800 personas y cada área de lenguaje tiene sus propias diferencias culturales del resto de los vecinos. Tanto lingüística como culturalmente, el sur de Malekula es probablemente la porción de tierra más compleja del planeta.

Sus creencias incluyen el convencimiento que a través de la magia pueden convertirse en tiburones y así atacar a sus enemigos. Es una creencia muy difundida en Vanuatu y algunos ataques por parte de tiburones son siempre tratados con gran sospecha por parte de los ni-Vanuatu, que piensan que un enemigo está detrás de ello. Circulaba una historia que sucedió en los años 80 acerca de un agente de viajes suizo que decidió visitar la isla de Malekula con la intención de organizar viajes de turistas desde Europa para visitar a las tribus. A pesar de que se le avisó acerca de las feroces tribus de los Big Nambas y los Small Nambas, no favorables para recibir turistas, el agente suizo no hizo caso y tras llegar en una pequeña avioneta al aeropuerto de Malekula, al lado del mar, decidió meterse en el agua para tomar un baño ya que tenía calor. Apenas el agua le cubría el vientre, apareció un tiburón y ya no se supo nada más del agente suizo. Para los ni-Vanuatu, fue atacado por un habitante de Malekula que se convirtió en tiburón para darle una lección.

Los hechiceros o klevers como se les conoce vulgarmente, producen pociones mágicas para curar todo tipo de enfermedades, casi siempre causadas por algún enemigo que a su vez ha contratado los servicios de otro klever. También pueden crear pociones mágicas o amuletos para atraer el amor de otra persona. Hay casos reales en los que una persona guapa, rica y culta es capaz de abandonarlo literalmente todo para ir al fin del mundo (o de una isla) por una persona fea, pobre e inculta y esto también se considera un hechizo de algún klever en cuestión. A los klever se les teme y se les respeta al mismo tiempo. Los expatriados no tenemos contacto con este tipo de cosa pero viviendo en Vanuatu se sabe que existe un submundo al que pertenece la magia.

En Vanuatu, se teme la visita a ciertas islas por el posible peligro que comporta. De todas ellas, la más temida es tal vez la isla de Ambrym, considerada el centro de magia negra de Vanuatu. Ambrym es también conocida por tener algunas de las mejores esculturas de madera del Pacífico y tambien por sus misteriosa danza Rom. En la danza, los bailarines llevan máscaras de colores vistosos y se esconden bajo un reloj hecho de hojas secas de banano. Un gigantesco gong de madera esculpida, llamado 'tam tam' proporciona el sonido rítmico que acompaña los cantos y los golpes de pie de las danzas. Es una danza que tiene miles de años y que todavía se realiza de la misma forma.

La mayoría de los 'tam tam' se hacen de la madera del árbol del pan y requieren mucha paciencia y habilidad. Sólo algunos hombres tienen el derecho de ser escultores de 'tam tam'. Actualmente la mayoría representan figuras ancestrales y se les confieren ciertos poderes.

En Vanuatu las creencias ancestrales tienen todavía un lugar en una sociedad que ha sido declarada en julio del 2006 por un index radical publicado por la New Economics Foundation (Nef) y los Amigos de la Tierra, el país más feliz del mundo. Los parámetros utilizados han sido : la esperanza de vida, el bienestar y la protección de la naturaleza. Los ni-Vanuatu se consideran los guardianes de la tierra para futuras generaciones. Lo único que les preocupa de verdad son los ciclones y los terremotos y se toman la vida con ligereza y sin preocupaciones innecesarias. Es importante saber sonreír y no dejar que las personas se encuentren incómodas o a disgusto. Tienen por lo menos, uno de los secretos de la felicidad muy por encima de otros países más ricos y más civilizados. Esa circunstancia, para mí, es la mejor magia que existe.

MYRIAM

La última vez que ví a Myriam fue en diciembre de 1998 en un hospital de París. Nos habíamos conocido varios años antes cuando yo llegué a Vanuatu y fui a pedirle trabajo como profesora de español en la Universidad del Pacífico Sur, de la cual ella era la directora. Congeniamos inmediatamente, cosa rara para Myriam, acostumbrada a seleccionar cuidadosamente sus amistades, no por esnobismo sino por supervivencia

Myriam era una rara avis de las que se encuentran una entre un millón. Yo tuve la gran suerte de llegar a conocerla y convertirme en su amiga. En los cuatro años que viví en Vanuatu, nuestra amistad se desarrolló gradualmente y aprendimos a respetarnos mutuamente a medida que nos íbamos conociendo y confiábamos la una en la otra con confidencias que no teníamos facilmente con otras personas.

Hablábamos acerca de nuestro pasado, de nuestros sueños, de nuestros dolores existenciales, de un chateau en el sur de

Francia en el que queríamos crear un foro de intercambio de culturas para los jóvenes del mundo, para que llegaran a conocerse mejor, lejos de los estereotipos que nos vienen dados y que nos separan en vez de unirnos. Myriam y yo teníamos ese sueño de comprar un viejo chateau y con la ayuda (algo reacia, por motivos racionalistas) de nuestros respectivos maridos, crear ese oasis para los jóvenes del mundo. Creo que si existieran los jóvenes de corazón aunque no de años, Myriam y yo nos habríamos hecho socias de por vida.

A medida que nos íbamos conociendo supe que era hija de un general francés de tres estrellas y de una señora de la buena sociedad de Marsella; que tenía dos hermanos y dos hermanas y que todos llevaban las heridas de una infancia difícil dirigida por una madre que no supo serlo. Por fuera, tenía una posición privilegiada, por dentro, su casa era parecida a un infierno. Las secuelas de una infancia privada de amor, afectó a los hermanos de forma diversa.

Myriam era inteligente y había estudiado Ciencias Políticas en la Universidad de la Sorbona en París. Siempre en busca de otros horizontes y nuevas aventuras, había decidido escribir su tesis doctoral en una universidad australiana acerca de Nueva Caledonia, territorio ultramar de Francia. Gracias a su posición de hija de general se le abrieron una serie de archivos semi secretos con los que construyó su tesis, más tarde convertida en libro, acerca de la política de Francia con respecto a Nueva Caledonia. Su tesis la convirtió en persona non grata por miembros del Establishment ya que se atrevía no solo a sugerir sino a demostrar que el tratamiento de los kayaks de Nueva Caledonia demostraba segregación racial, y otras cosas por el estilo. Su padre recibió algunas llamadas telefónicas al respecto sugiriendo que la educación de su hija carecía de elementos esenciales de patriotismo.

A Myriam, espíritu libre donde los hubiera, la opinión del Establishment no le importaba tanto como su búsqueda de la verdad y su contribución a crear una sociedad mejor de la que había heredado.

En Vanuatu, Myriam conoció al que sería su marido, un ni-Vanuatu hijo de un famoso jefe tribal de una de las islas. Era el equivalente a nuestra aristocracia. Era también una persona inteligente con una formación universitaria y humana de alto nivel. El padre de Myriam llegó a aceptar la decisión de su hija, pero no así su madre, quien de forma sistemática y contínua lo trató más como un sirviente de su hija que como su marido en las pocas oportunidades que tuvieron que verse. Myriam y Ricky tuvieron dos hijos, que entraron a formar parte de la extensa familia de él.

Myriam fue nombrada directora de la Universidad del Pacífico Sur en Port Vila y fue muy respetada tanto por los alumnos como por los profesores, ya que su estilo era humano y desenfadado pero siempre buscando la excelencia para los estudiantes melanesios a quienes animaba a exprimir lo mejor de ellos mismos.

No tenía amigas entre las expatriadas francesas, quienes se sentían intimidadas por su inteligencia y por su falta de esnobismo. Sus amigas eran pocas y todas podían ser descritas como espíritus libres, gente que había decidido ser ella misma aún yendo en contra de ciertas hipocresías sociales.

La generosidad de espíritu de Myriam no era una historia común. Hermana fiel donde las hubiera, ofreció ayuda incondicional (y económica) a su hermano encarcelado en Francia por asalto a mano armada para conseguir dosis de droga, cuando nadie más de la familia quería saber nada de él. Su generosidad estaba dictada por el amor que sentía por sus hermanos, a quienes comprendía por haber sido ella misma una víctima de los abusos psicológicos de su madre y considerarse una superviviente afortunada, pero consciente que otros no habían sido lo suficientemente fuertes o afortunados como ella.

Myriam mantuvo un lazo estrecho con una de sus hermanas, casada con un minero y despreciada por su madre por su elección. Como el dinero escaseaba en la casa de su hermana, Myriam les ofreció unas vacaciones pagadas para visitar Vanuatu y pasar varias semanas con ella. No es que Myriam fuese millonaria ni nada parecido, pero era consciente que con su salario y el de su marido se podían permitir más cosas que su hermana y su familia así que el dinero si servía de algo tenía que servir para hacernos más felices. Y a Myriam le hacía feliz ver a su hermana y a su familia.

Por otro lado, Myriam coleccionaba envidias. Era su espíritu generoso y su valentía ante la vida lo que causaba inseguridad y complejo de inferioridad a algunas personas de valía inferior a la suya. Cuanto más ayudaba, más se la criticaba a sus espaldas. Un ejemplo de ello es el caso de una mujer europea casada con un ni-Vanuatu de escasos recursos económicos, que solicitó a Myriam una ayuda económica para crear un negocio. Para Myriam era una amiga que necesitaba ayuda y no lo pensó dos veces. Varios años más tarde, la susodicha persona, titular de un próspero negocio, criticaba a Myriam diciendo que «claro, ella puede permitirse ayudar a los otros sin recordarles el dinero que le deben». Más tarde Myriam me comentó que la susodicha persona todavía no le había devuelto nada de la cantidad que le había prestado aunque ella había decidido no tomar cartas en el asunto para no crear problemas en su amistad. Decidí hacer un borrón y cuenta nueva con respecto a esa persona y permanecer fiel en mi amistad a Myriam.

Cuando años más tarde Myriam y su familia nos visitaron a Barcelona, fuimos a pasear por las Ramblas para mostrarles esa parte tan simbólica de la ciudad donde yo había crecido. Al inicio de nuestra caminata, en la fuente de Canaletas, Myriam se quedó petrificada al mismo tiempo que su marido. De repente ví la figura de un hombre con rasgos melanesios con el que se saludaban amistosa pero a la vez friamente, como con alguien que no esperas ver y te toma por sorpresa.

Luego me comentó que era un conocido kayak de Nueva Caledonia, donde ella estuvo viviendo mientras escribía su tesis doctoral. Durante su estancia en Noumea, la capital de Nueva Caledonia, Myriam se encontró mal y los médicos tradicionales no le encontraban nada. Alguien sugirió que visitara a un curandero local, quien le dijo que alguien deseaba su muerte. Le prometió curarla con la condición que no regresara nunca más a Nueva Caledonia ya que entonces correría peligro de perder su vida. Myriam, escéptica de esas cosas donde las hubiera, decidió que si la había curado por algo sería y como la historia de las meigas «yo no creo en ellas, pero haberlas haylas», decidió no regresar a Nueva Caledonia, por si acaso.

Vivir en los Mares del Sur te cambia la perspectiva de las cosas. En cierto modo, te ensancha las miras de horizonte y te hace comprender que no lo podemos abarcar todo por muy sabios que nos creamos. Myriam lo comprendió y yo también.

Dos años más tarde recibí una llamada de Myriam desde París donde estaba recibiendo terapia para un cáncer. Me reprendía amistosamente por no haber ido a visitarla a Fiji, donde había estado viviendo en los últimos años por cuestiones de trabajo y me pedía que la fuera a visitar a París ya que tenía una operación dentro de poco y quería verme.

Yo ya sabía por sus correos electrónicos, que Myriam hacia varios meses que estaba siguiendo una terapia de recuperación para un cáncer de pecho, por lo que no le dí mayor importancia al tema de la que tenía, es decir una recuperación de una enfermedad que más o menos estaba controlada en la actualidad. Pero algo en la llamada de Myriam me hizo mella y quise inmediatamente ir a París para estar con ella tras su operación y pasar ratos charlando animadamente, mientras la ayudaba a pasar mejor las horas aburridas de su estancia forzada en el hospital.

Aquella llamada de Myriam fue la última vez que hablé con ella. Unos días más tarde llegaba a un París gris y lluvioso y me dirigí al apartamento de la hermana de Myriam quien se había ofrecido para acompañarme al hospital. Al hablar con Isabelle comprendí que la cosa era grave. Me comentó que Myriam no se había despertado de la operación y que estaba conectada a un tubo respiratorio.

Llegué al hospital y cuando entré en la habitación donde estaba Myriam una sacudida eléctrica me recorrió todo el cuerpo. Estaba con los ojos cerrados y su boca ocupada por el tubo que le proporcionaba el oxígeno que la mantenía todavía capaz de respirar pero nada más. Me entraron ganas de llorar y me dí cuenta entonces que no era tan fuerte como me hubiera gustado serlo. Su hermana, Isabelle, me animaba a hablarle, pero yo no pude y salí de la habitación con lágrimas cubriéndome los ojos.

Conocí en la sala de espera del hospital al resto de los hermanos de Myriam, que se habían reunido en una ocasión tan dolorosa para ellos, pero no así a su madre, quién había renunciado sin motivo en concreto, a cualquier contacto con su hija aún sabiendo que estaba a punto de morir. Me fuí de París sabiendo que nunca más volvería a ver a Myriam.

Faltaban pocos días para la Navidad y recibimos la llamada de Ricky desde París quien nos anunciaba la muerte de Myriam. Los funerales tuvieron lugar en Vanuatu bajo una nutrida congregación de gente de diversas razas y credos, con el sentimiento en común de tristeza por la pérdida de un ser humano excepcional. Hubo muchas participaciones habladas recordando diversos momentos importantes de la vida de Myriam.

Yo no pude asistir pero mi espíritu estuvo presente ese día.

Myriam está enterrada en una isla de Vanuatu que espero poder visitar en el futuro. En Vanuatu, la gente tiene una memoria excepcional y recuerda con exactitud los más mínimos detalles de la vida de una persona con la que tuvieron contacto. Para Myriam, ser recordada es su pasaporte a la eternidad. Cuando alguien nos recuerda con afecto, no llegamos a morir del todo.

UNA CASA EN MALAPOA Y OTRA EN TASSIRIKI

Cuando me siento algo triste o en baja forma intento recordar la primera casa en la que viví en Vanuatu, y cuando recuerdo mi jardín tropical con aquellas vistas maravillosas de la isla de Iririki rodeada de los yates que llegaban a la bahía de Port Vila, se disuelven mis problemas de forma mágica.

En Vanuatu tuve dos casas distintas. La casa de Malapoa es la que me trae recuerdos más entrañables por haber sido el escenario de nuestros primeros tiempos en Vanuatu y de tantas experiencias con gente inolvidable en un escenario único en mi memoria.

Al llegar a Vanuatu, residimos en un hotel cerca del centro de Port Vila regentado por una familia australiana. Casi inmediatamente empecé a moverme para encontrar una casa para crear un hogar más permanente . En Port Vila en esa época escaseaban las casas confortables aunque no era imposible encontrar alguna después de buscar intensamente. Por eso, cuando me dijeron que había una casa disponible en la colina de Malapoa, a unos tres kilómetros de Port Vila, no dudé en ir a verla.

Fue amor a primera vista cuando visité por primera vez la que iba a ser mi casa durante dos años en Vanuatu. Nada más subir las escaleras que iban del jardín hasta la puerta principal pude observar la maravillosa vista que se extendía delante de la terraza desde donde se veía la laguna tropical con la isla de Iririki en medio, rodeada de los yates que llegaban a Port Vila y supe antes de entrar a la casa que ese iba a ser mi hogar en Vanuatu. Tardamos pocos días en mudarnos desde el hotel donde residíamos temporalmente.

La casa había estado deshabitada desde hacía más de un año. Tenía una pequeña piscina con vistas a la laguna de Iririki, una de las dos lagunas de Port Vila. La piscina estaba sucia y desconchada así como la fachada de la casa, de un color azul gris con techo de madera. Pero las vistas eran maravillosas y el jardín era un esplendoroso jardín tropical, lleno de árboles frutales y de plantas y flores de todos los tamaños y colores rodeando la piscina desde donde se podía nadar observando la fantástica vista.

Había un árbol de mangos enorme en la entrada pero puedo asegurar que en los dos años que pasé en la casa no comí ni uno de sus frutos. Los niños ni-Vanuatu de la casa de enfrente se adelantaban a cogerlos nada más estaban a punto de madurar. Como ya lo hacían desde antes de irnos a vivir a la casa, no quise crear problemas y hacía que no me enteraba dejándoles recoger el fruto delicioso del árbol.

El jardinero que nos cuidaba el jardín tenía sus propias ideas acerca de como cuidarlo y en la primera semana nos cortó casi a ras del suelo los maravillosos hibiscus que hacían de muro con la casa de enfrente y la de al lado. Yo puse el grito en el cielo cuando loví pero el jardinero se excusó diciendo que así crecerían más fuertes! Lo cierto es que tuvo razón y al cabo de pocas semanas teníamos unos arbustos de hibiscus de lo más floridos.

Teníamos dos preciosos árboles de frangipani que nos ofrecían un aroma incomparable cuando nos sentábamos en la terraza. Las flores del frangipani son tradicionalmente utilizadas para crear guirnaldas de flores que se colocan en el cuello de los huéspedes como símbolo de bienvenida a través de todos los Mares del Sur. También se les llama flores del tiaré en Tahiti. En las casas se colocan en los baños y dormitorios por todas partes a modo de ambientador ya que despiden un perfume suave y agradable.

Al atardecer se veían desde nuestra terraza unas puestas de sol de una belleza incomparable. El cielo se volvía lentamente de color rojo y se abría dejando paso a un sol resplandeciente que marcaba sus últimos pasos del día antes de irse a descansar para dejar paso a la luna. Pasar las tardes contemplando el maravilloso espectáculo se convirtió en un ritual al que se añadían nuestros huéspedes cuando los teníamos. Al no tener televisión, las noches se convertían en fiestas o cenas en casa de alguien. Y siempre había una conversación interesante y casi siempre había alguien nuevo que había sido invitado ese mismo día.

En Vanuatu pasamos cuatro años sin televisión, ya que no existía en esa época, y las noticias llegaban siempre con retraso. Mi suscripción al País Internacional siempre llegaba por lo menos tres semanas después de la publicacion cuando llegaba bien. Me perdí muchas noticias, pero si debo ser sincera, aprendí que a veces se vive mejor con menos telediarios, hablando más con la gente y compartiendo actividades al aire libre. No puedo decir que echara de menos la televisión. Aprendí mucho sin ella.

Las fiestas eran espectaculares. Puedo decir sin lugar a dudas que no he vuelto a asistir a fiestas tan elaboradas y divertidas como las que teníamos en Vanuatu. Recuerdo una fiesta en una mansión colonial en lo alto de una colina con unas vistas que te dejaban sin aliento, el mejor champaña francés y la comida más exquisita mezcla de recetas de Francia y ni-Vanuatu con unas langostas enormes y deliciosas pescadas esa misma mañana para la fiesta. Y una orquesta tocando ritmos tropicales a la caída del sol...

En mi casa tuve fiestas entrañables y con anécdotas divertidas. Una en particular me parece sacada de una historia de humor negro. Habíamos conocido a una pareja argentina de orígen alemán al poco de llegar y habían sido claves para hacernos conocer otra gente con la que habíamos, a su vez, entablado amistad. Klaus y Martina eran simpáticos y buenos anfitriones y contaban anécdotas curiosas y divertidas de sus experiencias en diversos países. Solamente una vez estuve a punto de discutir con Klaus y fue cuando me dijo que los españoles habíamos tenido muy mala suerte con la pérdida de Franco. Yo intenté cambiar la conversación más que nada porqué ya me veía discutiendo con él acerca de lo equivocado de su afirmación. Pero desde entonces me quedó una pequeña duda acerca de Klaus.

Fue en una fiesta en mi casa que mi intuición al respecto fue confirmada. La madre de Klaus había venido desde Argentina para pasar unas semanas con su hijo y nuera y la invité también a la fiesta. La señora ya tenía casi ochenta años y creo que le fallaba algo la memoria. Pero cuando me dijo que Klaus había tenido que cambiar su nombre para trabajar en una conocida organizacion internacional, comprendí que tal vez esos orígenes alemanes tenían algo que ver con su llegada a Argentina a finales de los años 40... Yo disimulé, como que no había escuchado lo que me decía y menos mal que llegó Klaus y se la llevó a otra parte de la fiesta! Así que Klaus era el posible hijo de un nazi escapado...Mi imaginación no dejaba de volar.

Por otra parte, habían otros alemanes residiendo en Vanuatu ya entrados en años que aunque no lo hubiesen admitido, yo juraría que eran nazis de la época de Hitler. La señora en particular, trataba a sus empleados ni-Vanuatu como si estuviera dirigiendo un campo de concentración. No sé que fin tuvieron, pero los ni-Vanuatu no olvidan nunca una ofensa y aunque pueden pasar años, siempre se toman su venganza. Por algo Vanuatu está en las antípodas de Europa.

La casa de Malapoa también fue escenario de una maravillosa fiesta de fin de año que tuvo un final cruel. Estábamos a varias horas de diferencia horaria de Barcelona y yo había hablado con mis padres hacia pocas horas ya que me habían llamado para desearme un feliz fin de año. Esta vez cuando estaba recogiendo los restos de la fiesta, llamó el teléfono pero esta vez oí la voz entrecortada de mi madre que me comunicaba que mi padre había fallecido poco después de la medianoche en Barcelona. Hay varios dolores en mi vida que tengo archivados en un cajón cerrado con llave que he tirado con fuerza al mar, y este es uno de los dolores más fuertes. Al cabo de dos horas salía para Barcelona dirección Islas Salomón y Tailandia, la única ruta posible en esos momentos. Tardé más de dos días en llegar, tiempo insuficiente para asistir normalmente a un entierro, que como se sabe tiene lugar al cabo de un día, pero mi tío movió cielo y tierra para esperar que yo llegara antes de enterrar a mi padre. Mi tío también fallecía de cancer un año más tarde, poco antes de mi regreso final a Barcelona.

Llegué al aeropuerto destrozada emocionalmente y físicamente tras más de 28 horas de vuelo y apenas tuve tiempo de ponerme el abrigo que me había traído mi cuñado al aeropuerto del Prat. De allí salimos para el funeral y entierro que recuerdo todavía como un mal sueño del que cuesta despertarse. Veía caras y gente que me hablaba pero yo apenas me daba cuenta. Me queda el recuerdo de poder haber hablado con mi padre pocas horas antes y aún recuerdo sus palabras tan bonitas y dichas con cariño: «Cuidaros mucho que estáis muy lejos. Ya sabéis que os queremos y tenemos muchas ganas de veros en la Barcelona olímpica». Mi padre falleció el 1 de enero de 1992. Ví la ceremonia de inauguración de los juegos olímpicos en un vídeo que me enviaron unos amigos a Vanuatu y se me llenaron los ojos de lágrimas. No regresé a Barcelona hasta pasados los juegos.

Fue en la casa de Malapoa dónde experimenté mi primer ciclón. Como he contado, recuerdo que pasamos toda la noche sacando agua con cubos ya que el agua se metía por todas las rendijas posibles de la casa. Pero como era nuestro primer ciclón, lo esperábamos casi con expectación, por la novedad del tema. Pero una vez pasamos por ello, no quisimos saber nada de más ciclones, aunque más tarde en la nueva casa, tuvimos que experimentar dos mas.

Desgraciadamente, al cabo de dos años, tuvimos serios problemas de agua en la casa y fue necesario mudarnos. Esta vez nos fuimos a vivir a una casa acabada de construir en otra zona de Port Vila llamada Tassiriki desde la que se veía la otra laguna, la de Erakor. La casa era bonita y confortable pero no tenía los años y el encanto de la anterior. Era algo más grande y tenía enormes terrazas pero las vistas tampoco eran comparables, aunque eran, eso sí, vistas a una laguna tropical! Desde esa época doy muchísima importancia a vivir en un lugar con vistas lo más bonitas posible. Soy capaz de sacrificar otras cosas de la casa por ello.

En esa casa organicé una de las mejores fiestas que he organizado en mi vida, y son muchas. Fue la fiesta para el 40 cumpleaños de Peter. Una amiga polinesia que era bailarina, se ofreció para organizar unos bailes polinesios durante la fiesta junto con otras tres amigas que también eran bailarinas. Auténticas danzas polinesias y en el marco de los Mares del Sur! El histórico restaurante Rossi se encargó del buffet en el que no podía faltar el famoso cerdo asado y los invitados entre ni-Vanuatu y expatriados, llegaron a unos cien. Un grupo de músicos ni-Vanuatu alegró la fiesta con la música típica. Fue una fiesta fantástica en un marco incomparable, mi casa en los Mares del Sur enfrente de una laguna tropical, y con bailarinas de los Mares del Sur bailando en su elemento.

Aunque han pasado varios años, estoy segura que aún hay gente que se acuerda de esa noche. Los ni-Vanuatu seguro, ya que ellos no olvidan nada. Pueden pasar años pero ellos recuerdan todos los detalles que a la mayoría de las personas se les han olvidado.

Un mes antes de marchar definitivamente de Vanuatu envenenaron a mi fiel perra Whistle, que estuvo con nosotros desde nuestra llegada a Port Vila. Nos la había dado una pareja de ingleses que se iban del país y que la habían tenido siempre en el jardín sin dejarla entrar en su casa. Yo la dejaba entrar y ella me demostraba su cariño siguiéndome y convirtiéndose en mi mejor protectora. Nunca tuve un perro guardián tan fiel y protector. La enterramos bajo un árbol en el jardín. El árbol era un Flaming Tree o árbol de llamas por el color rojo que adquiere en una època del año. Según los ni-Vanuatu, el árbol sirve de protección a los espíritus de los muertos y les ayuda a descansar en paz.

Nos fuimos de Vanuatu en junio de 1993, en una mañana tropical espléndida acompañados de un gran número de amigos algunos de los cuales no volveríamos a ver nunca más. Pero el recuerdo no se ha ído del todo nunca. Y espero regresar algún día.

ÍNDICE

5   Prólogo

11 Introducción

14 Agradecimientos

16 Bienvenidos al Paraíso

24 Franceses, Ingleses y Nativos – Juntos pero no revueltos

33 El Embajador Británico

39 Un brindis con Kava

53 Terra Australis del Espíritu Santo

62 La Isla de Pentecostés y el Salto Bunji

67 La isla de Tanna y el volcán

77	Contrastes desde Vanuatu
83	La extraordinaria historia de correos de Vanuatu
89	Es un ciclón
95	The Spanish Dancer
103	Caníbales y Hechiceros
110	Myriam
121	Una casa en Malapoa y otra en Tassiriki

Para ponerse en contacto con la autora, podéis escribir un correo electrónico a mercy1924@yahoo.com

www.ingramcontent.com/pod-product-compliance
Lightning Source LLC
Chambersburg PA
CBHW071704040426
42446CB00011B/1911